AF287069

Impressum

Alle in diesem Buch enthaltenen Angaben, Ergebnisse usw. wurden von den Autoren nach bestem Wissen erstellt und von ihnen sowie den beteiligten Verlagen mit größtmöglicher Sorgfalt überprüft. Dennoch sind Fehler nicht völlig auszuschließen.
Daher erfolgen alle Angaben usw. ohne jegliche Verpflichtung oder Garantie der Autoren oder der Verlage. Beide übernehmen deshalb keinerlei Verantwortung und Haftung für etwa vorhandene inhaltliche Unrichtigkeiten. Die Autoren sind für ihre Beiträge selbst verantwortlich; ihre Meinung entspricht nicht immer der Ansicht der Verlage.

© Bioland Verlags GmbH
Postfach 19 40
55009 Mainz

Stiftung Ökologie und Landbau (SÖL)
Weinstraße Süd 51
67089 Bad Dürkheim

1. Auflage 2004

Das Werk ist in allen seinen Teilen urheberrechtlich geschützt. Jede Verwertung ist ohne Zustimmung der Verlage unzulässig. Das gilt insbesondere für Vervielfältigungen, Übersetzungen, Mikroverfilmungen und die Einspeicherung in und Verarbeitung durch elektronische Systeme.

Titelfoto:
Christoph Ziechaus

Layout:
an.SICHT
kommunikationsagentur
Heike Boller, Wiesbaden

Satz:
Verlag Die Werkstatt,
Göttingen

Druck und Bindung:
Westermann Druck, Zwickau

ISBN 3-934239-16-1

PRAXIS DES ÖKOLANDBAUS

Deerberg / Joost–Meyer zu Bakum / Staack (Hg.)

Ökologische Geflügelerzeugung

Fütterung und Management

bioland VERLAGS GMBH

Inhalt

Einleitung

Dr. Ulrich Schumacher

Fütterung und Management haben neben Stallgebäude und Haltungsverfahren wesentlichen Einfluss auf den Erfolg in der ökologischen Geflügelhaltung. Hier ist insbesondere der Landwirt mit seiner umfassenden Ausbildung gefragt, denn zweifellos stellt die ökologische Geflügelhaltung hohe Anforderungen an den Halter. Es geht nicht nur darum, den Ansprüchen der Tiere an eine artgemäße Umgebung gerecht zu werden, sondern auch alle relevanten ökologischen Aspekte und den Verbraucherschutz hinreichend zu berücksichtigen. Dazu gehört die Minimierung von Emissionen in die Luft, den Boden und das Grundwasser im gesamten Erzeugungssystem genauso wie ein geringer Medikamenteneinsatz, aber auch die Erzeugung von unbedenklichen, gesunden Nahrungsmitteln.

Viele Bausteine der täglichen Arbeit führen dabei zum Erfolg. Diese werden im vorliegenden Handbuch von erfahrenen Praktikern, Beratern und Wissenschaftlern aufgezeigt. So soll das Werk als Anleitung für die gute fachliche Praxis in der ökologischen Geflügelhaltung dienen. Deren Einhaltung ist nicht zuletzt Voraussetzung für eine dauerhaft funktionierende Vermarktung.

Foto: Christoph Ziechaus

1 Gesetzlicher Rahmen

Dr. Ulrich Schumacher

Die gesetzlichen Regelungen zur Fütterung und zum Management in der ökologischen Geflügelhaltung finden sich in der VO (EG) 2092/91 zum ökologischen Landbau und den entsprechenden Nachfolgeverordnungen (siehe auch unter www.oekolandbau.de oder www.verbraucherministerium.de). Der Anhang I B regelt die Tierhaltung.

Ein wichtiger Punkt bei der Geflügelfütterung ist die nach aktuellem Stand im August 2005 ablaufende Frist für den Einsatz konventioneller Futtermittel, die heute noch bis zu einer Menge von 20 % Bestandteil der Rationen sein dürfen. Ziel – jedoch keine verpflichtende Regelung – ist, dass der überwiegende Teil des Futters auf dem eigenen Betrieb oder innerhalb einer regionalen Kooperation erzeugt wird. Haltungspraktiken wie vorbeugendes Schnabelkürzen oder -kupieren sind verboten. Bei Verwendung allopathischer Medikamente sind doppelte Wartezeiten einzuhalten. In der Geflügelmast sind entweder langsam wachsende Rassen einzusetzen oder es ist ein Mindestschlachtalter einzuhalten. Darüber hinaus finden sich in der EG-Öko-Verordnung Vorschriften bezüglich Ausläufen, Wasserflächen (Wassergeflügel) und zur Stallreinigung und -desinfektion; Anforderungen für die Junghennenaufzucht fehlen bisher. Die EG-Öko-Verordnung gibt jedoch nur den in der EU geltenden gesetzlichen Mindeststandard wieder. Wesentlich ausführlichere, die besonderen Standortbedingungen berücksichtigende Regelungen, finden sich in privatrechtlichen Verbandsrichtlinien. Als Beispiel seien die in Deutschland richtungsweisenden Bioland-Richtlinien genannt (siehe unter www.bioland.de). Der Einsatz konventioneller Futtermittel ist hier auf 15 %, und dies auch nur auf ganz wenige hochwertige Eiweißkomponenten (Maiskleber, Kartoffeleiweiß, Bierhefe) begrenzt, und nur noch bis August 2005 zulässig. Das Futter muss zu mehr als 50 % auf dem Betrieb oder innerhalb einer regionalen Futter-Mist-Kooperation erzeugt werden. Detailanforderungen an die Haltung (z. B. zu Tageslicht, Sitzstangen, Scharraumgestaltung, Außenklimabereich, Nestgestaltung, Grünauslaufgestaltung) sind geregelt und werden kontrolliert. Für die Junghennenaufzucht bestehen seit längerer Zeit Richtlinien, und die richtliniengemäße Aufzucht ist fester Bestandteil der Qualitätssicherung.

Die enge Rückkopplung von Richtliniengebung, Kontrolle und Beratung

in privatrechtlichen Warenzeichen-
organisationen gewährleistet eine
weitgehend praxisgerechte Umsetzung und bietet die Möglichkeit zur
stetigen Weiterentwicklung und Anpassung an neue ökologische Heraus-
forderungen auf freiwilliger Basis.

2 Nahrungsaufnahmeverhalten, Energie- und Nährstoffversorgung

Marion Staack

Wer Geflügel artgerecht halten und ernähren will, der sollte sich zunächst das Nahrungsaufnahmeverhalten seiner Tiere bewusst machen. Denn wenn dieses Verhalten berücksichtigt wird, kann den Tieren schon sehr viel gegeben werden, was ihnen in anderen Haltungsformen verwehrt bleibt.

2.1 Nahrungsaufnahmeverhalten

Obwohl Huhn und Pute auf einseitige Höchstleistung gezüchtet wurden und sich damit deutlich von ihren wilden Stammformen (Bankiva-Huhn, Wildpute) unterscheiden, hat sich ihr Verhalten im Verlauf der Selektion kaum verändert. Bankivas und verwilderte Haushühner verbringen den größten Teil des Tages mit der Nahrungssuche. Auf ihrem Speiseplan stehen Insekten und Würmer, hauptsächlich aber Samen, Keimlinge, Früchte und Beeren. Die Futtersuche geht einher mit ständigem Ortswechsel während der Futteraufnahme sowie mit Scharren, bodenorientierter Kopfhaltung und Picken nach Futter.

Beim Nutztier Huhn beginnt der Tag mit dem Verlassen des Schlafplatzes vor Sonnenaufgang. (Mit Ausnahme des Eierlegens verläuft der Tag bei Lege- und Masthuhn ähnlich.) Das Tier beginnt zunächst zu trinken. Die *Wasseraufnahme* ist im Durchschnitt knapp doppelt so hoch wie die Trockenfutteraufnahme. Offene Wasserflächen in Cups (industriell gefertigte Bechertränken), Hängetränken oder Pfützen im Auslauf werden bevorzugt, zur Not werden auch Nippel akzeptiert. Wird die Tränke im Auslauf eingespart, reduzieren die Tiere in heißen Monaten zunächst die Wasser-, dann die Futteraufnahme und schließlich die Leistung.

Kurz nach dem Trinken beginnt eine Zeit intensiver *Nahrungsaufnahme*. Der Pickvorgang des Huhnes ist ein angeborenes Verhaltensmuster, das aus den Komponenten Zielen (Fixierung eines Futterbrockens), Zuschlagen, Ergreifen, ruckartiges Weiterbefördern des Bissens bis zum Schlund, Abschlucken und Pausieren zwischen zwei Pickversuchen besteht. Die Stalleinrichtung sollte so beschaffen sein, dass die instinktiven Kopfbewegungen zur Fixierung des Futters möglich sind. Hühner verfügen über ein angeborenes Augenmaß für leicht verzehrbare Partikel. Sie nehmen am liebsten Körner von etwa 2 mm Größe auf und bevorzugen beim Getreide die Reihenfolge Weizen vor Mais, Gerste, Roggen und Hafer. Futterpartikel werden nach taktilen Merkmalen wie Größe, Dichte,

Form, Härte, Feuchtigkeitsgehalt und Oberflächenbeschaffenheit beurteilt. Sie sind für das Huhn von größerer Bedeutung als Farbe, Geruch und Geschmack des Futters.

Durch das *Schnabelkürzen* wird der wichtige Tastsinn im Schnabel wesentlich beeinträchtigt und damit eine artgemäße Futteraufnahme erschwert; auch können durch das Schnabelkürzen chronische Schmerzen verursacht werden. Aus diesen Gründen ist es in der ökologischen Tierhaltung verboten.

Nach der *Eiablage,* die zusammen mit der Nestsuche etwa eine Stunde dauert, beginnt der Rhythmus von vorn, erst Trinken, dann Fressen. Die Tränken sollten daher in erreichbarer Nähe zum Nest liegen. In der *Mittagspause* suchen die Tiere einen erhöhten Platz, um sich ausgiebig zu putzen und zu ruhen. In dieser Zeitspanne beginnt sich die Eischale zu bilden. Um die Bildung von unförmige Eiern sowie Bruch- und Knickeiern zu verhindern, dürfen die Hennen jetzt nicht gestört werden. Am späten Vormittag und frühen Nachmittag unternehmen die Tiere weitere Futtergänge, die von Gefiederpflege, Staubbaden und Ruhezeiten unterbrochen werden.

In den 2 bis 3 Stunden vor der Dämmerung fressen sich die Tiere noch einmal richtig satt. Die Hennen suchen sich diejenigen Futterbestandteile, die ihnen zu einer vollwertigen Tagesration noch fehlen. Die Nacht ist die Zeit der Kalkeinlagerungen in die Eischale. Der angebotene Kalk muss von grober Struktur sein, damit die Kalkquelle über die ganze *Nacht* hinweg verdaut wird und Kalzium nachliefern kann.

Ein artgemäßes Futtersuch- und -aufnahmeverhalten kann nur ausgeführt werden, wenn das Futterangebot eine Selektion möglich macht und wenn im Stall Bereiche mit Einstreumaterialien angeboten werden. Minimalauslauf und Weide sind für die Ausführung dieser Verhalten optimal. Diese Gegebenheiten in der ökologischen Geflügelhaltung erleichtern es, mit den Beschränkungen in der Auswahl der Futterkomponenten umzugehen. Hühner, Puten und Enten nehmen bei freier Nahrungswahl neben pflanzlichen Komponenten auch Insekten, Raupen, Würmer und Schnecken auf. In der ökologischen Tierhaltung werden sie zu Vegetariern gemacht. Die Gründe liegen zum einen in dem schwierigen hygienischen Umgang mit tierischen Proteinträgern (z. B. das Auftreten von Salmonellen), zum anderen an der Verbrauchererwartung, dass Öko-Futter rein pflanzlich ist. In der biologischen Haltung werden daher Komponenten tierischer Herkunft auf Eipulver und Milchprodukte begrenzt. Unverzichtbar für eine bedarfsgerechte Ernährung sind diese nur bei Putenküken, denn fehlgenährte Puten fallen in ein Trauerverhalten und verweigern die Futteraufnahme.

Das Selektionsverhalten des Geflügels kann zu einer geringeren Aufnahme der in der Regel feineren eiweißreichen Komponenten führen. In der Putenhaltung hat sich daher pelletiertes Futter durchgesetzt, was allerdings das arteigene Nahrungsaufnahmeverhalten (Selektion) verhindert.

2.2 Verdauungssystem des Geflügels

Die Futterpassage durch den Verdauungstrakt von Hühnervögeln, zu denen Haushuhn und Pute gehören, und Gänsevögeln (Ente und Gans) beginnt beim *Schnabel.*

Foto: Monique Bestman

Da keine Zähne vorhanden sind, wird das Futter unzerkleinert abgeschluckt und gelangt bei den Hühnervögeln durch die Speiseröhre in den *Kropf.* Gänsevögel haben keinen Kropf, sondern eine drüsenreiche, kropfartige Erweiterung der Speiseröhre.

Der Kropf bzw. die Erweiterung der Speiseröhre dient zur Speicherung des Futters und zur Regulation des Mageninhalts. Der *mehrhöhlige Magen* besteht aus Drüsen und Muskelmagen. Im *Drüsenmagen* wird durch Beigabe von Magensaft, der vorwiegend aus Pepsin und Salzsäure besteht, die chemische Verdauung eingeleitet. Eine mechanische Zerkleinerung der Nahrung erfolgt im *Muskelmagen.* Die mit einer Hornhaut überzogenen Magenwände wirken durch Kontraktion auf die Nahrung ein. Von den Tieren aufgenommener Grit (Steinchen von 2 bis 4 mm Durchmesser) unterstützt die Zerkleinerung der Nahrung. Im *Dünndarm* wird der Nahrungsbrei enzymatisch aufgeschlossen. Die Nährstoffe werden in ihre einfachen Bausteine zerlegt und durch die Dünndarmwand absorbiert. Der nicht verdaute Darminhalt wird zum Dickdarm, der aus *zwei Blinddärmen* und einem sehr kurzen *Enddarm* besteht, weitergeschoben. In den Blinddärmen erfolgt bei einem Teil der Nahrung eine bakterielle Aufspaltung, so dass auch Rohfaser aufgeschlossen werden kann. Diese Rohfaserverdauung ist jedoch unvollkommen, da nur jeder 8. bis 10. Teil des Darminhalts in den Blinddarm gelangt. Der Enddarm und der Ausgang des Nierentraktes münden in die *Kloake.* Kot und Harn werden beim Geflügel zusammen ausgeschieden. Bei den Hühnervögel ist die Verweildauer der Nahrung im Verdauungstrakt niedrig. Sie hängt in erster Linie von der Futterbeschaffenheit ab. Für

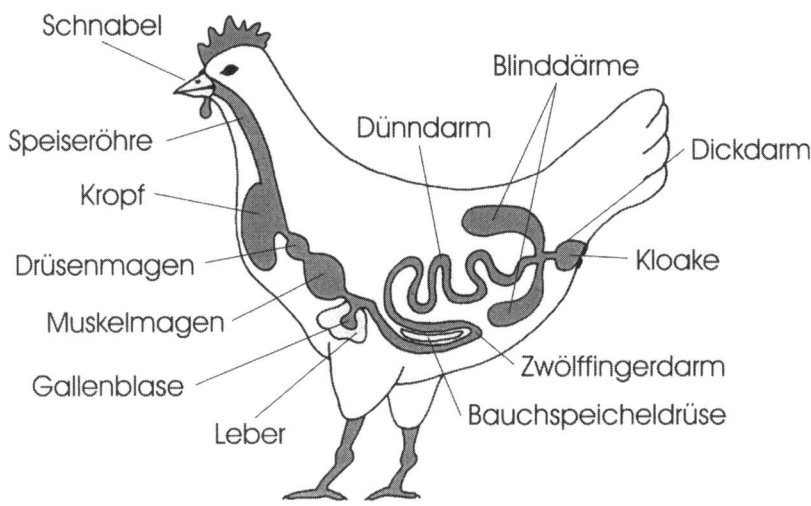

Schnabel
Speiseröhre
Kropf
Drüsenmagen
Muskelmagen
Gallenblase
Leber
Blinddärme
Dünndarm
Dickdarm
Kloake
Zwölffingerdarm
Bauchspeicheldrüse

Zeichnung: Christiane Keppler

gute Leistungen muss den Tieren deshalb ein hochverdauliches Futter mit nur geringem Rohfasergehalt angeboten werden.

Der Verdauungstrakt der Gänsevögel ist auf die Aufnahme großer Futtermengen eingerichtet. Er ist im Vergleich zum Verdauungstrakt der Hühnervögeln 25 bis 30 % länger, auch haben Gänsevögel einen höheren Mageninnendruck, der die Zellwände von rohfaserreichen Pflanzen in stärkerem Maße zerstören kann. Dadurch wird das Zellinnere der enzymatischen Verdauung im Dünndarm zugänglich. Enten und vor allem Gänse können deshalb Grünfutter besser nutzen als Hühner und Puten.

2.3 Energie- und Nährstoffversorgung

Der Bedarf des Geflügels an Wasser, Energie und Nährstoffen setzt sich zusammen aus dem an die Lebendmasse gebundenen Erhaltungsbedarf, den Bedarf für die Leistung und dem Bedarf für den Ansatz im Tierkörper inklusive Federproteinzuwachs. Er ist abhängig von der Haltungsform, dem Genotyp und den Haltungsbedingungen. Am deutlichsten wird dies beim Energiebedarf, der sich z. B. mit zunehmenden Bewegungsmöglichkeiten und gesteigertem Thermoregulationsbedarf erhöht.

Die für das Geflügel wichtigen Inhaltsstoffe der Futtermittel können unterschieden werden in:

- Energieträger
- Eiweißstoffe (Proteine)
- Essenzielle Fettsäuren
- Mineralstoffe: Mengenelemente und Spurenelemente
- Vitamine.

Energieträger sind vor allem Kohlehydrate und Fette. Die Tiere können Energie aus den im Futter enthaltenen Nährstoffen bilden und somit bei freiem Futterzugang leicht ihren Energiebedarf decken. Futteraufnahme und Energiegehalt des Futters sind eng gekoppelt. Das heißt von einem Futter mit niedrigem Energiegehalt wird mehr verzehrt als von einem Futter mit hohem Energiegehalt. In der Bio-Fütterung wird dieses Verhalten im Zusammenhang mit der 100 % Bio-Fütterung immer wichtiger, da durch eine hohe Futteraufnahme die bedarfsgerechte Versorgung mit Aminosäuren erleichtert wird.

Ein durchschnittliches Bio-Huhn frisst 120 bis 130 g Trockenfutter pro Tag zuzüglich Grünfutter im Auslauf. Versuche haben gezeigt, dass mittelschwere Hennen 150 bis 160 g pro Tag über die ersten 6 Legemonate fressen können. Die Anpassungsfähigkeit der Tiere ist höher, wenn der Verdauungstrakt ein großes Volumen hat, sie also schon in einer guten Aufzucht mit Futter niedriger Energie an hohe Futteraufnahmen gewöhnt werden.

Eiweißstoffe (Proteine) werden zur Gewebe- (Muskeln, Federn, Körperzellen) und zur Eibildung benötigt. Proteine sind hochmolekulare, aus *Aminosäuren* aufgebaute Verbindungen. Es gibt zehn lebensnotwendige (essenzielle) Aminosäuren, die nicht durch den Organismus des Geflügels aufgebaut werden können und drei Aminosäuren, die aus einer essenziellen Aminosäure gebildet werden (siehe Tabelle 1).

Für den körpereigenen Proteinaufbau benötigt der Organismus die Aminosäuren in einem spezifischen Verhältnis zueinander. Ist nur eine Aminosäure im Mangel, kommt die Proteinsynthese zum Stillstand und

Essenzielle Aminosäuren	Synthetisierbar aus begrenzenden Substraten
Arginin	
Histidin	
Isoleucin	
Leucin	
Lysin	Hydroxylysin (aus Lysin)
Methionin	Cystin (aus Methionin)
Phenylalanin	Tyrosin (aus Phenylalanin)
Threonin	
Tryptophan	
Valin	

Tabelle 1: Essenzielle und aus begrenzenden Substraten synthetisierbare Aminosäuren für das Geflügel, Quelle: GfE (1999)

die Leistung der Tiere wird limitiert. Das ideale Futterprotein für Legehennen müsste die Aminosäuren Lysin, Methionin und Cystin, Threonin, Tryptophan etwa im Verhältnis 100:88:70:22 enthalten. Beim Geflügel sind in der Regel Methionin und Lysin die limitierenden Aminosäuren. In der konventionellen Fütterung gehört der Einsatz von synthetisch erzeugtem Methionin und Lysin zur gängigen Praxis, um die suboptimalen Gehalte dieser Aminosäuren in den pflanzlichen Futtermitteln auszugleichen. Dies ist durch die EG-Öko-Verordnung verboten. Um eine ausreichende, den geforderten Leistungen angepasste Proteinversorgung zu gewährleisten, müssen in der ökologischen Geflügelhaltung hochwertige Proteinquellen verwendet und das Kompensationsvermögen der Tiere durch eine gesteigerte Futteraufnahme genutzt werden.

Die *essenziellen Fettsäuren* gehören zu den mehrfach ungesättigten langkettigen Fettsäuren. Essenzielle Fettsäuren sind vor allem Bausteine der Zellmembranen und Ausgangssubstanzen für Gewebshormone. Linol- und α-Linolensäure als Ausgangsstoffe für die Synthese weiterer ungesättigter Fettsäuren können vom tierischen Organismus nicht synthetisiert werden und müssen in der Ration enthalten sein (Bedarfsempfehlungen für Küken, Jung- und Adulttiere des Legehuhn- und Masthuhntyps: 10 g Linolsäure/kg Futtertrockenmas-

se; 0,6 g α-Linolensäure/kg Futtertrockenmasse).
Der Grad der Versorgung mit Linol- und α-Linolensäure beeinflusst die Legeintensität, die Einzeleimasse, das Wachstum der Küken und insbesondere die Befruchtung und Schlupffähigkeit.

Der Zusatz von *Mineralstoffen* und Vitaminen ist in der Bio-Fütterung gängige Praxis. Da ein überhöhter Gehalt eines Elementes im Futter die Verwertung anderer Elemente vermindern kann, werden die Mineralstoffe und auch die Vitamine durch den Futterhersteller in einem ausgewogenen Verhältnis in der Mineralstoff-Vormischung zusammengestellt. Zu den Mengenelementen zählen die Elemente Kalzium (Ca), Natrium (Na), Phosphor (P), die in der Geflügelfütterung von größerer Bedeutung sind, und Magnesium (Mg), Kalium (K), Chlor (Cl) und Schwefel (S). *Kalium* wird für den Aufbau und die Funktion der Skelettmuskulatur und des Nervensystems benötigt. Die Futtermittel, insbesondere das Grünfutter, enthalten größere Mengen an Kalium, daher ist mit einer unzureichenden Versorgung nicht zu rechnen. Eine ausreichende Versorgung mit *Schwefel*, der wichtig für die Federbildung ist, wird durch eine angemessene Zufuhr der schwefelhaltigen Aminosäuren Cystin und Methionin gewährleistet. Eine direkte Zugabe von Schwefel in das Futter ist nicht ratsam, da eine Überversorgung zu

Knochenweiche führen kann.

Alle anderen Mengenelemente und auch die Spurenelemente, zu denen Eisen (Fe), Kupfer (Cu), Mangan (Mn), Zink (Zn), Jod (J) und Selen (Se) gehören, sollten in der Mineralstoff-Vormischung enthalten sein.

Kalzium ist notwendig für den Aufbau des Knochengerüstes und für die Eischalenbildung und -festigkeit. Ein Huhn benötigt in Abhängigkeit von seinem Körpergewicht und der täglichen Eimasse zwischen 2,4 und 4,4 g Kalzium pro Tag. Ein Mangel besonders in Verbindung mit einer Vitamin-D-Unterversorgung oder ein ungünstiges Kalzium-Eiweiß-Verhältnis kann bei jungen Tieren zu Skelettdeformationen führen. Bei älteren Tieren wird die Eischalenbildung gestört. Ein Kalziumüberschuss (von mehr als 11 g Ca/kg im Futter) führt zu einem Rückgang des Futterverzehrs und der Gewichtszunahmen. Kalzium und Phosphor beeinflussen sich im Stoffwechsel gegenseitig und müssen immer zusammen betrachtet werden. Bei einem Kalziumüberschuss wird den Knochen Phosphat entzogen. Das Ca-NPP (Nicht-Phytin-Phosphor)-Verhältnis soll in der Anfangsmast 1,6 bis 2 : 1 betragen. Für 4 Wochen alte Broiler ist ein Ca-NPP-Verhältnis von 1,4 : 1 einzuhalten. Bei Legehennen sollte das Ca-NPP-Verhältnis in Abhängigkeit von der Lebendmasse und der Eiproduktion 8,8 bis 11,5 : 1 betragen.

Ein *Phosphor*mangel führt zu Wachstumsstörungen, einer gestörten Mineralisierung der Knochen, zu Blutarmut und zu Leistungsdepressionen. Durch Phosphatüberschuss verschlechtert sich die Eischalenqualität. Bei der Beurteilung der Phosphor-Versorgung sollte der Nicht-Phytin-Phosphor-Anteil herangezogen werden, da die pflanzlichen Futtermittel 60 bis 90 % des gesamten Phosphors in Form von Phytin gebundenem Phosphor enthalten und die Verwertbarkeit von Phytin-P bei Geflügel nur etwa 30 bis 40 % beträgt. Eine bessere Einschätzung der notwendigen P-Gehalte im Futter wird möglich sein, wenn statt des Maßstabes Gesamtphosphorgehalt bzw. Nicht-Phytin-Phospor der verfügbare Phospor in die Rationsberechnung Eingang findet. Weiterhin muss zukünftig Augenmerk auf die Gehalte an pflanzeneigener Phytase in den verwendeten Getreidesorten gelegt werden, um durch eine gezielte Sortenwahl eine bessere Phosphorverwertung zu ermöglichen. Das ist um so wichtiger, da in der ökologischen Geflügelfütterung keine mikrobiell hergestellten Phytasen eingesetzt werden dürfen. Umfangreiche Untersuchungen an verschiedenen Weizensorten haben ergeben, das die Gehalte an pflanzeneigener Phytase durchaus einem Sorteneinfluss unterliegen.

Ein Mangel an *Chlor* und *Natrium* wirkt sich in Wachstumsdepressionen und einem Rückgang der Legeleistung aus. Auch kann ein Natriummangel oder Chloridüberschuss den Ausbruch von Federpicken begünstigen. Eine zu hohe Kochsalzaufnahme (Natriumchlorid) kann zu einer Verschlechterung der Eischalenqualität und zu einer Vergiftung der Tiere führen. Der Chloridgehalt im Futter sollte nach Möglichkeit unter dem Natriumgehalt liegen. Die Futtermischung sollte nicht mehr als 0,4 % Chlorid enthalten.

Alle fettlöslichen *Vitamine* (Vitamine A, D, E und K) und alle wasserlöslichen Vitamine (Vitamin C und die Vitamine der B-Gruppe) oder ihre Vorstufen müssen dem Geflügel mit der Nahrung zugeführt werden (mit Ausnahme des Vitamin C, das der Organismus selbst synthetisieren kann und des Vitamin D, das bei ausreichender UV-Bestrahlung im Körper gebildet wird). Vitaminmangel äußert sich in Wachstumsstörungen, Immunschwäche und bei älteren Tieren in Leistungseinbußen und Fortpflanzungsstörungen. In pflanzlichen Futtermitteln ist *Vitamin A* nicht enthalten, sondern nur seine als Carotine bezeichneten Vorstufen. Der Hauptteil (> 90 %) fällt dabei auf das β-Carotin. Spezifische Mangelerscheinungen sind bei Vitamin A eine reduzierte Eimasseproduktion/vermindertes Wachstum und eine schlechte Befiederung der Legehennen. Ein Überschuss an Vitamin A kann zu Leistungs-/Wachstumsdepressionen und Beinschäden führen. Nach den deutschen futtermittelrechtlichen Vorschriften ist ein Höchstgehalt von 13.500 IE Vitamin A je kg Alleinfutter für Masthühner, Mastputen und

Mastenten festgelegt. Für Legehennen bzw. für sonstiges Geflügel gibt es in den futtermittelrechtlichen Vorschriften keine Angaben zum Vitamin-A-Gehalt. *Vitamin D* beeinflusst den Kalzium- und Phosphor-Stoffwechsel der Tiere. Eine Unterversorgung führt zu Rachitis und zu dünnschaligen Eiern. Ein Vitamin-D-Überschuss verursacht beim Geflügel Wachstumsstörungen und eine verringerte Futteraufnahme. Die deutschen futtermittelrechtlichen Vorschriften legen einen Höchstgehalt von 5.000 IE Vitamin D je kg Alleinfutter für Masthühner und Mastputen und von 3.000 IE für sonstiges Geflügel fest.

Die in der Fütterung eingesetzten Futtermittel enthalten ausreichend *Vitamin E,* um sichtbare Mangelsymptome in der Geflügelproduktion zu verhindern. Pflanzenöle, Ölsaaten bzw. -kuchen und auch Getreide sind relativ reich an Vitamin E. Vitamin E hat vor allem eine Bedeutung als Antioxidans (Schutz vor Fettabbau), was für die Qualität des Schlachtkörpers bei der Mast von Bedeutung ist, da die Wirkung des im Fett gespeicherten Vitamin E erhalten bleibt. Zwischen Selen bzw. selenhaltigen Enzymen und Vitamin E bestehen enge positive Wechselwirkungen. Vitamin E ist außerdem für den Zellstoffwechsel notwendig. Sehr hohe Versorgungsempfehlungen für Broiler (> 20 mg/kg Alleinfutter) sollen Qualitätsminderungen bei längerer Lagerdauer der Schlachtkörper vorbeugen. Eine Unterversorgung mit *Vitamin K* führt zu einer Verzögerung der Blutgerinnung und es können innere Blutungen auftreten, die eine Verminderung der Schlachtkörperqualität zur Folge haben.

Ein *Vitamin-C-Zusatz* kann unter Stressbedingungen (z. B. hohe Umgebungstemperaturen, Impfungen, Krankheiten) vorteilhaft sein. Auch die Eischale wird dadurch stabilisiert. Weil sich Vitamin C im Futter schnell abbaut, hat sich eine Gabe über das Trinkwasser bewährt.

Eine ausreichende Versorgung des Geflügels mit Thiamin, Vitamin B_6 und Folsäure ist in der Regel durch die nativen Gehalte in den Futtermitteln gewährleistet. Ein Zusatz aller anderen Vitamine des B-Komplexes (Riboflavin [B_2], Niacin, Panthothensäure, B_{12}, Biotin, Cholin) in die Futtermischungen wird empfohlen. In Bio-Futtermischungen ist der Zusatz von Cholin, das als Methylgruppen-Spender geringe Anteile der erstlimitierenden Aminosäure Methionin ersetzen kann, Riboflavin (B_2), das nur in geringen Mengen im Getreide enthalten ist und Vitamin B_{12}, das nur in Futtermitteln tierischer Herkunft vorkommt, unabdingbar.

Wie schon an den Beispielen Energie- und Kalziumgehalt erwähnt, erfolgt die Regulation der Futteraufnahme und die Selektion aufgrund der Futterinhaltsstoffe - und auch der Schadstoffe. Das gilt nicht nur für Hauptnährstoffe wie Energie oder Kalzium, sondern ebenso für die nur in Spuren enthaltenen Vitamine, Schwermetalle (Se, Mo) oder gar, als negative Begleitstoffe, Mycotoxine. Das Tier sucht sich, was es benötigt und verweigert unpassende Nahrung. Sogar die Wasseraufnahme wird nach den beschriebenen Kriterien reguliert. Saure und Schwermetall arme Wasser werden bevorzugt, Schwermetall reiche z. T. so vehement verweigert, dass es zu deutlichen Leistungseinbußen kommt.

3 Futterkomponenten

Rudolf Joost-Meyer zu Bakum

Das komplette Futter kann nicht besser sein als die Summe seiner Teile. Äußerste Sorgfalt und Ehrlichkeit sind daher die Grundsätze der Komponentenauswahl. Das gilt auch für selbst erzeugte Komponenten. Eine Futterwerttabelle findet sich am Ende dieses Kapitels, im Folgenden soll auf besondere Nutzen und Risiken der Futterkomponenten eingegangen werden.

Getreidearten

Getreide sind die Hauptenergieträger im Geflügelfutter. Aufgrund der angestrebten Energiekonzentration kommen bei Legehennen, Puten und Hähnchen vorwiegend Mais, Weizen und Triticale in Frage, bei Wassergeflügel und Junghennen auch Gerste und Hafer.
Der Proteingehalt von Bio-Getreide ist um 10 bis 40 % niedriger als es konventionelle Futterwerttabellen ausweisen. Der Gehalt an essentiellen Aminosäuren reduziert sich nahezu im gleichen Verhältnis dazu. Eine Ausnahme bildet das Threonin, welches sich überproportional verringert. Threonin kann daher in Bio-Rationen knapp werden – das ist bisher kaum beachtet worden.

Mais zeichnet sich durch den höchsten Energiegehalt und den höchsten

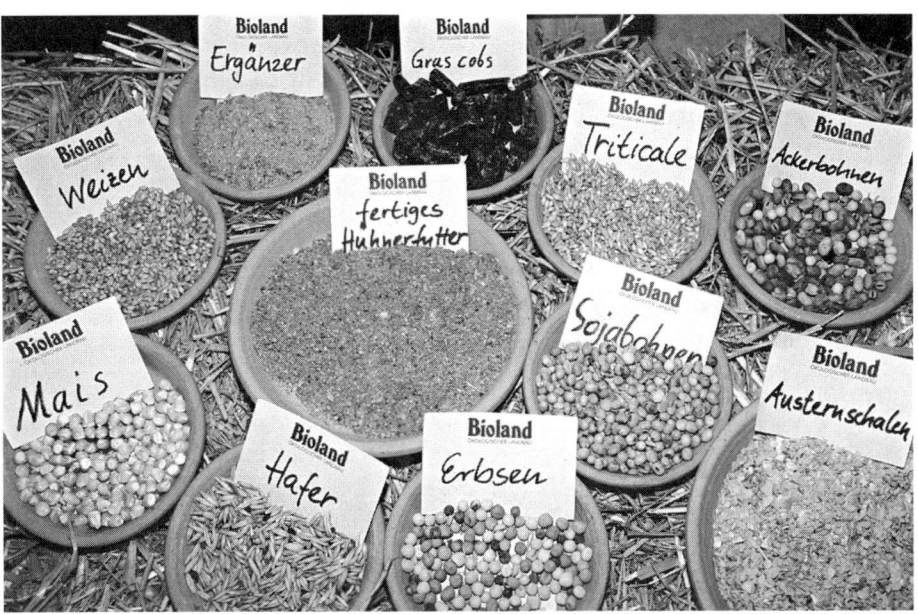

Foto: Christoph Ziechaus

Preis aus. Seine dotterfärbende Wirkung wird allerdings oft überschätzt; 10 % Mais entsprechen der Färbung von 1 % gutem Grünmehl oder 1 % Maiskleber. In südlichen Lagen (Südbaden, Bayern, Italien) ist die Gefahr der Belastung mit Mycotoxinen (Aflatoxin usw.) höher als in Grenzlagen des Maisanbaues. Für Selbstmischer ist Mais schwierig zu verarbeiten, denn er „explodiert" in der Hammermühle und der Quetsche zu einem Mehl mit reichlich Feinanteilen. *High-Protein-Mais* kann in 100 % Bio-Rationen interessant werden, er enthält etwa 50 % mehr Rohprotein und fast doppelt soviel essentielle Aminosäuren wie momentan praxisübliche Sorten.

Weizen steht fast überall im deutschsprachigen Raum zur Verfügung und ist – mit bis zu 50 % Anteil an der Gesamtration – der klassische Energieträger in Bio-Rationen. Negative Effekte können sich durch hohe Gehalte an Nicht-Stärke-Polysacchariden (NSP), insbesondere an Pentosanen ergeben. Diese unverdaulichen Zellwandbestandteile können vor allem bei jungem Geflügel zu schmierigen Kot und feuchter Einstreu führen. Es bestehen große Sortenunterschiede. Insbesondere C-Weizen sind durch Einkreuzung von Roggengenen reich an Pentosanen, schrumpelige Körner enthalten mehr NSP als glattbauchige große Körner.
Ebenso große Sortenunterschiede gibt es bei der Anfälligkeit für mycotoxin-

bildende Ährenfusariosen; die beschreibende Sortenliste gibt Auskunft darüber. Günstig sind i. d. R. langstrohige A-Sorten mit glatter Schale und hohem Tausendkorngewicht. Je schwächer der Standort, umso größer ist die Gefahr der Toxinbildung.

Mit geschältem **Dinkel** haben einige Landwirte gute Erfahrungen gemacht, Versuchsergebnisse liegen nicht vor. Aufgrund der Nutzungskosten ist die Verwendung jedoch eher die Ausnahme. Auf einigen Betrieben werden die Dinkelspelzen für die Nesteinstreu eingesetzt. Sie müssen gut gereinigt (entstaubt) und frei von Mycotoxinen sein, da die Tiere teilweise nicht unerhebliche Mengen davon fressen.

Triticale ist i. d. R. der billigste Energieträger. Sein Pentosan-Gehalt begrenzt den Einsatz auf 15 bis 20 %, insbesondere bei den Roggentypen. Hohe Anteile lassen den Kot oft schmierig werden, verbunden mit der Gefahr eine Koli-Infektion der Kloake. Feucht einsilierte oder angekeimte Triticale scheint diese Nachteile nicht mehr zu besitzen und kann höher dosiert werden, genaueres ist noch nicht bekannt. Besonderes Augenmerk sollte auf den Mutterkornbesatz gerichtet werden.

Ausputzgetreide (mit wechselnden Anteilen von Schmach- und Bruchkörnern sowie Beikrautbeimengungen) enthält weniger Energie, dafür mehr Protein, Rohfaser und Schadstoffe als das volle Korn. Ausputz sollte nur in mycotoxinfreien Jahren an Geflügel verfüttert werden und nicht lange gelagert werden. Beikrautbeimengungen dürfen nicht viele Brassica-Arten und Gänsefußgewächse (Melde) enthalten; die Eier von Braunlegern könnten einen Fischgeschmack annehmen (siehe Rapskuchen). Klettenlabkraut ist ebenfalls nicht beliebt.

Gerste und Hafer kommen aufgrund des Energiegehaltes verstärkt in Was-

---

Exkurs: Mycotoxine

Pilze produzieren Gifte im Bereich der Schale unserer Feldfrüchte. Noch längst nicht alle Arten sind bekannt. Sie treten immer in Gesellschaft miteinander auf, es bildet sich ein „Cocktail" aus Pilzgiften – den Mycotoxinen. Zur Analyse greift man auf einige gut bekannte Toxine wie Don, Zearalenon oder Ochratoxin zurück und bestimmt mithilfe quantitativer Methoden das Gefährdungspotenzial.

Sieht man von Puten ab, so gibt es keine wissenschaftliche Bestätigung, dass diese „Standard-Mycotoxine" einzeln das Geflügel schädigen. Wurden jedoch Cocktails mit entsprechenden Don- oder Zearalenon-Gehalten verfüttert, dann traten sehr wohl Wirkungen auf wie: Hautrötungen, Fressunlust, heller Dotter, Eileiterveränderungen usw. Einige Cocktails verringern die Wirkung von Vitaminen und Medikamenten. Insbesondere scheint es so zu sein, dass Junghennen, die mit Mycotoxin belastetem Futter gefüttert wurden, in der späteren Legeperiode weniger leisten und in der Legeleistung eher abfallen.

Als erstes treten die **feldbürtigen Pilze** auf, i. d. R. Fusarien, die ihr Unwesen schon vor der Ernte im Feldbestand verrichten. Förderliche Faktoren sind:

- feuchtes Wetter zur Blüte
- hohe Bestandsdichte
- kurze Wuchstypen
- hochwachsende Untersaaten
- schrumpelige und kleine Körner
- Maisvorfrucht oder Stoppelweizen
- zu schnelle Trocknung bei Leguminosen (Schrumpffrisse).

Heftiger Befall ist an lilaroten Flecken auf der Schale zu erkennen, vielfach besteht ein leicht muffiger Geruch, den aber nur Kenner wahrnehmen. Nach der Erntesaison klärt sich relativ schnell, welche Regionen und Fruchtarten gefährdet sind.

Nach der Abreife im Lager oder schon auf dem Feld (vor allem bei Lagergetreide) greifen die **Lagerpilze** an. Hier gilt es, möglichst schnell und schonend das Getreide unter 14 % Feuchte und Leguminosen unter 13 % Feuchte zu trocknen und anschließend zu kühlen. Toxische Lagerpilze lassen sich mit dem Auge nicht erkennen, die weitverbreiteten Schwärzepilze schaden nicht. Ein muffiger Geruch tritt häufiger auf als bei feldbürtigen Pilzen, kann aber zur sicheren Beurteilung nicht ausreichen.

(Ebenso gefährlich wie das Verfüttern solcher belasteten Komponenten ist auch die Verwendung des Strohs als Einstreu im Stall! Denn durch die Bearbeitung des Strohs nehmen die Tiere ebenfalls Toxine auf.)

Ochratoxin wird als Standard-Lagertoxin untersucht. Von ihm geht eine direkte Gefahr für das Geflügel aus, ebenso von den vergesellschafteten unbekannten Arten. Mit der Verwendung von Rückständen aus der Pflanzenölgewinnung besteht auch ein größeres Risiko von Allatoxinbelastungen.

Schimmelpilze sind der Gipfel des Verderbs. Sie benötigen feuchte und warme Bedingungen und produzieren i. d. R. selbst Wärme. Verschimmelte Komponenten gehören entsorgt und keinesfalls per Auge grob sortiert.

sergeflügel- und Junghennenrationen zum Einsatz. In grobstrukturiertem Mehlfutter sind beide schwierig einzusetzen, weil sie zur einer mulligen, grauen Futterstruktur führen.

Nacktgerste und Nackthafer oder die entsprechende geschälte Ware sind gut geeignet. Nackthafer treibt aufgrund seines Fettgehaltes die Eigröße in die Höhe. Nacktgerste kann eine Alternative auf nicht weizenfähigen Standorten sein.

Hirse und Buchweizen sind aufgrund ihrer Eiweißqualität für 100 % Bio-Rationen interessant, es fehlt noch die züchterische Bearbeitung zur Ertragsverbesserung und Schälbarkeit beim Buchweizen. (Für leichtere Standorte wären sie eine gute Alternative für die Futterlieferung).

Körnerleguminosen
Sie sind überall verfügbar und liefern Eiweiß, vor allem Lysin, in die Mischung. Beim Methionin besitzen die meisten eine Schwäche. Ursprünglich enthielten alle Körnerleguminosen Hemmstoffe, die die Proteinverdauung behinderten. Je nach Art ist die Eliminierung dieser Hemmstoffe inzwischen durch Züchtung oder Nacherntetechnik unterschiedlich weit fortgeschritten.

Erbsen enthalten die geringsten Hemmstoffe, insbesondere die weißblühenden glattschaligen Sorten. Der Proteingehalt schwankt zwischen den Sorten und Jahren mehr als bei anderen Körnerleguminosen, Analysen sind daher wichtig. Erbsen können bei Hühner- und Wassergeflügel bis zu 30 % in der Ration eingesetzt werden, im Kükenfutter wird ihr Anteil i. d. R. auf 10 % begrenzt.

Ackerbohnen enthalten i. d. R. mehr Tannine (Gerbstoff) und Vicine (Alkaloid) als Erbsen. Für Geflügel sind die Vicine bedeutsamer, weil sie die Eiweißverdauung der Gesamtration herabsetzen. Es gibt vicinfreie Sorten. Auf die Kombination von Tannin- und Vicinfreiheit warten wir noch. Im Küken- und Putenfutter haben Ackerbohnen nichts zu suchen, im Mast- und Legefutter für Wasser- und Hühnergeflügel wird der Anteil auf 8 bis 12 % begrenzt.

Wicken weisen unter den heimischen Körnerleguminosen das günstigste Aminosäuremuster auf. Ihr Anteil muss, sofern keine Ackerbohnen in der Ration sind, auf etwa 5 % begrenzt werden, da die Hemmstoffe (Vicine und Tannine) züchterisch noch nicht bearbeitet sind.

Bei **Lupinen** schreitet die Züchtung zügig voran, die Bitterstoffe sind weitgehend eliminiert. Gelbe und weiße Lupinen können mit 10 bis 12 % in die Mischungen einfließen. Blaue Lupinen bereiten immer wieder Schwierigkeiten, weshalb zurzeit maximal 5 % blaue Lupinen in der Ration empfohlen werden können. Die

Gründe dafür sind noch nicht klar, eine Entfernung der Schale hilft in vielen Fällen.

Sojabohnen glänzen mit der besten Eiweißqualität aller Körnerleguminosen. Die in Europa angebotene Bio-Ware stammt hauptsächlich aus Italien, Südosteuropa, Kanada, Südamerika und China. Ein ausgefeiltes Qualitätsmanagement ist daher notwendig, um Belastungen mit Pestiziden, Schwermetallen oder gentechnisch veränderten Organismen (GVO) auszuschließen.

Sojabohnen müssen vor der Verfütterung getoastet oder expandiert werden, um die sogenannten Trypsin-Inhibitoren (Blockierung des Eiweiß-abbaus) auszuschalten. Mithilfe eines Urease-Tests lässt sich der Erfolg der Behandlung überprüfen. Binnen 3 Monaten nach der Toastung sind die Sojabohnen zu verfüttern, weil einerseits die Haltbarkeit getoasteter Bohnen begrenzt ist und sich andererseits die Trypsin-Inhibitoren wieder neu bilden können. Die Beurteilung der Toastung und die Frage nach mitgelieferten Mycotoxinen aller Arten sind weitere Aufgaben des Qualitätsmanagements. Sojabohnen können mit 10 bis 15% in Geflügelrationen einfließen. Im Regelfall begrenzt der Gehalt an ungesättigten Fettsäuren den Anteil in der Ration, denn diese führen zu weichem Fett im Schlachtkörper und übergroßen Eiern.

Soja
Foto: Christoph Ziechaus

Exkurs: Toasten

Die Toastung ist ein diffiziler Prozess, der auf einzelbetrieblicher Ebene zu aufwändig ist. Im Allgemeinen werden die Leguminosen mit Dampf und unter Druck erhitzt, anschließend wieder getrocknet und gekühlt. Wird zu stark erhitzt, denaturiert das Protein und wird unverdaulich. Wird zu schwach erhitzt, gelingt die Deaktivierung der Hemmstoffe nicht. Wird nicht genug getrocknet und gekühlt, verdirbt die Ware in kurzer Zeit. Bei Sojabohnen ist das Toasten sehr effektiv, bei Lupinen und Ackerbohnen umstritten (Kosten-Nutzen-Vergleich). Nach Untersuchungen der Firma Kahl, weltweit führend bei der hydrothermischen Behandlung, verbessert sich bei heimischen Körnerleguminosen nur die Schmackhaftigkeit und die Stärkeverdaulichkeit. Die Proteinverdaulichkeit hingegen sinkt, womit der teure Prozess recht fragwürdig wird. Druck und Hitze treten auch beim Heißverpressen von z. B. Sojabohnen zu Sojakuchen auf. Gut eingestellte Ölpressen können damit auf das Toasten verzichten, ausgereift ist die Technik allerdings noch nicht.

Ölkuchen

Die Rückstände aus der Ölpressung werden in 100 % Bio-Rationen immer wichtiger. Je heißer gepresst wird, desto geringer ist der Ölgehalt und desto höher der Proteingehalt. Für Bio-Nahrungsmittel wird im Regelfall kalt gepresst, so dass wir in der Fütterung oft mit hohen Restölgehalten zu kämpfen haben. Insbesondere ungesättigte Fettsäuren führen, wie bei Sojabohnen, zu weichem Fett und großen Eiern. So begrenzt der Restfettgehalt den Einsatz in der Ration. Alle Ölfrüchte lassen sich prinzipiell vor dem Pressen schälen, womit der Futterwert natürlich steigt. In der Praxis erfolgt das immer bei Erdnüssen, immer häufiger bei Sonnenblumen und noch selten beim Raps. Der Energiegehalt der Ölkuchen ist gering und hängt hauptsächlich vom Restfettgehalt ab.

Bis auf Rapskuchen stammen alle Ölfrüchte hauptsächlich aus Übersee oder Südeuropa, das Qualitätsmanagement ist daher von hoher Bedeutung. Bei Einkauf und Lagerung ist große Sorgfalt dem Verderb durch Oxidation zu widmen, da ranziges Fett zur Futterverweigerung führt.

Sojakuchen ist reichlich verfügbar, er wird oftmals heiß gepresst, da das Öl ohnehin nur für Futterzwecke tauglich ist. Die Proteinqualität ist hoch, mit Schwächen beim Methionin. In jedem Fall gesicherte Werte zu den Inhaltsstoffen liefert eine „nass-chemische" Untersuchung auf Basis der „Weender-Analyse" für Futtermittel! Einfache Analyseverfahren, wie z. B. NIR (Nah-Infra-Rot-Spektroskopie) sind auf Sojakuchen noch nicht ausreichend geeicht.

Sonnenblumenkuchen ist ebenfalls reichlich verfügbar. Der Unterschied zwischen entschälter und nicht entschälter Ware ist bedeutend. Die Schalen bestehen im Wesentlichen aus Lignin und sind sogar für Wiederkäuer völlig unverdaulich. Bei Küken können die Schalen, wenn sie nicht ausreichend zerkleinert sind, Verstopfungen des Magen- und Darmtraktes hervorrufen. Die Stärke des Sonnenblumenkuchens liegt in seinem hohen Methionin-Anteil. Deshalb ist er in 100% Bio-Rationen unverzichtbar.

Sesamkuchen ist nur in geringen Mengen verfügbar, geschälte Ware gar nicht. Der Sandanteil ist oft sehr hoch, so dass vorangehende Analysen wichtig sind. Seine Stärke liegt im hohen Methionin-Anteil.

Kürbiskernkuchen ist ebenfalls nur in geringen Mengen aus Österreich verfügbar. Mit über 50% Rohprotein und einem günstigen Aminosäuremuster findet er dort Verwendung in Kükenrationen.

Leinkuchen enthält einen Vitamin-B_6-Antagonisten. Der Einsatz muss bei erwachsenen Tieren auf 5% begrenzt werden. Die Proteinqualität ist mittel, die Gefahr der Belastung durch Schwermetalle hoch.

Rapskuchen enthält mit dem Sinapin einen Stoff, den einige Brauneileger nicht abbauen können und der dann Fischgeschmack in Eiern verursacht. Das Sinapin lässt sich zwar durch hydrothermische Behandlung (Druck plus Hitze) unter Zugabe von Natriumbicarbonat völlig entfernen, aber der Prozess ist unverhältnismäßig teuer. So bleibt Rapskuchen zunächst für die Mast und Aufzucht interessanter als für legende Tiere bis auch hier entsprechende Selektionen verfügbar werden.

Grünfutter und Grünfutterkonserven
Geflügel kann bis zu 30% des Trockenmassebedarfes aus dem Grünfutter aufnehmen, Gänse bis zu 100%. Die Menge hängt entscheidend von der ständig neuen Vorlage junger frischer Weide ab. Grünfutter ist immer energieärmer als Körnerfutter und reicher an Protein, Mineralstoffen, Vitaminen und dotterfärbenden Stoffen. Insbesondere die Dotterfärbung ist Grund für den Einsatz von Trockengrün in Legerationen. Die Eiweißqualität ist uneinheitlich und schwankt sehr stark zwischen den Arten, den Sorten, den Aufwüchsen und den Pflanzenteilen. Das ist auf der Weide unproblematisch, denn die Tiere selektieren das jeweils beste heraus – wenn sie denn selektieren können.

Grünmehl
In Winterrationen ist Grünmehl ein wesentlicher Farbträger, da die dotterfärbende Wirkung des Aufwuchses aus dem Auslauf nachlässt oder in der Futtermischung nicht mehr vorhanden ist. Schon 5 bis 8% sind für die Dotterfärbung ausreichend. Dazu muss das Grüngut aber jung geschnitten werden, maximal 8 Stunden vorgewelkt und dann zu einem trockenen festen Pellet verarbeitet werden. Solche Qualitäten enthalten mindestens 18% Rohprotein und sind in Deutschland selten zu finden. Ein hoher Luzerneanteil färbt besser, ein hoher Grasanteil steigert die Verdaulichkeit, während Klee zwischen den beiden liegt. Üblich sind Luzerne-Gras-Gemi-

sche mit hohem Luzerneanteil. Beim Einkauf ist darauf zu achten, dass das Trockengrün nicht aus direkt befeuerten Anlagen stammt, da diese die Gefahr bergen, Dioxine im Futter zu kondensieren. Einzig Gas-Direktbefeuerungen sind tolerabel, teure Analysen unverzichtbar.

Grüngutpresssaft wird bei der Fasergewinnung eingedickt und kommt vereinzelt als Gel oder Pulver auf den Markt. Die Proteinzusammensetzung ist günstig. Insbesondere bei Verarbeitung von Luzerne-Stängeln könnte ein für die 100 % Bio-Fütterung interessantes Produkt entsteht. Großtechnische Anlagen bestehen noch nicht.

Weideaufwuchs kann in Verbindung mit mobilen Ställen einen wesentlichen Teil des Futters ausmachen. Es fügt sich gut, dass in wärmeren Jahreszeiten der Grünaufwuchs zur Verfügung steht, wenn die Tiere einen geringeren Energiebedarf haben. Im Stall wird dann ein Alleinfutter mit höherem Energiegehalt gefüttert. Bei Legehennen ist auf ausreichende Kalziumzufuhr im Stall zu achten.

Klee- und Luzerneweiden bieten den Tieren größere Selektionsmöglichkeiten als Gras, sie können die Blätter klar vom Stängel trennen. Der Ernährungsbeitrag kann deshalb höher sein als bei Grasaufwuchs. Alle Futterleguminosen enthalten auch schädliche Stoffe wie Schaumbildner oder Blausäure. Wenn die Tiere langsam (stundenweise) an die Leguminosenweide gewöhnt werden, kommen sie damit jedoch gut zurecht.

Silagen aus Grünfutter, Mais oder GPS werden gerne gefressen. Die Gärsäuren haben einen positiven Effekt auf das Verdauungssystem. Eingesetzt werden sie hauptsächlich als Beifutter in größeren Legehennenställen. Grünfuttersilagen können auch einen Beitrag zur Dotterfärbung leisten. Es lassen sich Trockenmasseaufnahmen von 10 g pro Legehenne und Tag kalkulieren.

Gemüseabfälle sind, wenn die Qualität in Ordnung ist, ein willkommenes Beifutter. Reste von Kohl- und Brassicaarten haben bei Braunlegern im Hühnerauslauf nichts zu suchen, denn sie enthalten wie der Raps den Begleitstoff Sinapin, der zu Fischgeschmack führen kann. Möhren, Rote Beete und Futterrüben können einen Beitrag zur Dotterfärbung leisten und stellen außerdem hervorragende Beschäftigungsmöglichkeiten dar.

Mühlennachprodukte

Wird nicht das ganze Korn zum Nahrungsmittel verarbeitet, sondern nur Teile davon, bleiben verschiedene Nachprodukte. Auf dem Weg vom Weizenkorn zum Weißmehl entstehen zum Beispiel

- Weizenkleie durch Abreiben der Schale
- Weizenkeime durch Abtrennen des Keimlings

- Weizennachmehl durch Abreiben der Unterschale.

Die Mühlentechnik vermag hierbei nur ungenau zu trennen, selten werden bei Bio-Vermahlungen alle drei Fraktionen getrennt erfasst. Vor dem Mahlen wird das Getreide auf etwa 17 % angefeuchtet um die Trennung zu erleichtern. Die Nachtrocknung der Nachprodukte ist nicht immer gewährleistet, was sie leicht verderblich macht.

Weizenkleie wird häufig angeboten und ist oft im Gemisch mit Keimen und Nachmehl. Wir benötigen sie als Füllstoff und Expander in Junghennen- und Kükenfuttern. Problematisch ist die Tatsache, dass sich in den Schalen die Schadstoffe konzentrieren, selten aber die Zeit bleibt, die Weizenkleie vor dem Einsatz im Futter zu analysieren.

Weizenkeime und -nachmehl sind wertvolle Futtermittel, sieht man von ihrer staubförmigen Struktur einmal ab. Der Energiegehalt ist ähnlich dem vollen Korn, der Eiweiß-, Vitamin- und Mineralstoffgehalt höher, die Eiweißqualität sogar besser als beim vollen Korn. Deshalb verzehren wir ja auch Vollkornbrot, weil beim Weißmehl das Beste entfernt ist.
In Europa werden allerdings nur wenige hundert Tonnen dieser Nachprodukte in Bio-Qualität produziert. Das ist wesentlich weniger als in Form von Bio-Komponenten im Mischfut-

ter wieder auf den Markt gelangen: Gute Reinigungsabgänge werden oft als Mühlennachprodukte deklariert, weil sie im Mittel eine ähnliche Nährstoffzusammensetzung haben. Das ist einerseits verständlich, andererseits aus Gründen der Schadstoffvorsorge bedenklich.

Milchprodukte
Kuhmilch enthält hochwertiges Protein, Fett und Laktose. Laktose führt bei Hühnergeflügel sofort zu Durchfall, Puten vertragen es etwas besser. Daher sind nur Milchprodukte ohne Laktose wie Molke, Quark- und Joghurtreste verfütterbar. Eine besondere Stellung nimmt das Kasein-Pulver ein. Es ist das hochwertigste Proteinfuttermittel (80 % RP), das wir kennen und als Rückstand aus der Babynahrungsherstellung in Bio-Qualität ausreichend verfügbar. Sein Preis begrenzt den Einsatz allerdings auf Küken- und Putenstarter.

Eiprodukte
Klar, dass das Hühnerei in seiner Proteinzusammensetzung für Geflügel optimal ist. Klar ist auch, dass es paradox wäre Eier an Eierleger zu verfüttern. Dennoch gibt es immer einen Anteil nicht vermarktbarer Eier, der als Futter kleinen Küken oder Puten den Start ins Leben erleichtern kann, so wie es der Dottersack auch tut. Bei innerbetrieblicher Verwertung werden die Eier mit Schale lange gekocht, abgegossen und gemust den Küken vorgelegt. Industriell lässt sich Eipul-

ver auch aus aufgeschlagenen Eiern herstellen.

Die Erfassung von Schmutz-, S- und XXL-Eiern zum Zwecke der Futtergewinnung stellt eine wesentliche Aufgabe für die Realisierung von 100% Bio-Futter für Jungtiere dar.

Zugelassene konventionelle Futterkomponenten

Die bei den deutschen Bio-Verbänden (z. T. nur bis Ende 2004) zugelassenen konventionellen Futtermittel sind allesamt hochwertige Proteinträger aus Rückständen der Nahrungsmittelindustrie. In minimalen Mengen sind sie auch in Bio-Qualität verfügbar. Auch bei verstärkter Nachfrage (100% Bio-Futter) ist ein wesentlicher Anstieg der Menge in Bio-Qualität nicht zu erwarten, weil es sich ja nur um Restprodukte handelt, deren Nachfrage sich auf die Verwertung des Ausgangsproduktes nur gering auswirkt.

* *Maiskleber* ist ein 2 bis 4%iger Rückstand aus der Maisstärkegewinnung mit 55 bis 60% Rohprotein. Er ist der klassische Methionin- und Farblieferant in Bio-Rationen und wird bevorzugt gefressen, wie Futterwahlversuche in Kitzingen gezeigt haben. Die Gefahr der GVO-Belastung wird zunehmend geringer, da auch die konventionelle Nahrungsmittelindustrie in Europa Rückstandsfreiheit fordert. Die Haltbarkeit in unvermischtem Zustand beträgt

etwa 5 bis 10 Wochen, je nach Temperatur. Maiskleber wird leicht verwechselt mit dem minderwertigen Maiskleberfutter (20 bis 30% Rohprotein), welches im konventionellen Landhandel oftmals als Maiskleber bezeichnet wird.

* *Kartoffelprotein* ist ein 1%iger Rückstand aus der Kartoffelstärkeproduktion. Es wird zwischen dunkler Ware (Schrobenhausen und Agrana), weißer Ware (Emlichheim, Roquette und Avebe) und entbitterter Ware (Avebe) unterschieden. Es ist nicht nur ein hochwertiger Methionin-Lieferant, sondern besitzt auch noch hohe Lysin-Anteile. Da das staubförmige Kartoffelprotein nicht gern gefressen wird, muss sein Einsatz in Mehlfuttern auf 2% begrenzt werden oder eine gute Staubbindung mit Öl und Melasse praktiziert werden. In pelletiertem Mastfutter kann bis zu 8% Kartoffelprotein (weiße Ware) eingesetzt werden, in entbitterter Form über 10%.

* *Bierhefe und Biertreber* erklären ihre Herkunft selbstredend. Die Eiweißqualität ist gut, der Energiegehalt vor allem beim Treber mäßig. Die sogenannte diätetische Wirkung beruht vor allem auf einer Appetitanregung und auf dem Potenzial der Hefe, darmbesiedelnde pathogene Keime anzulagern und damit von der Darmwand fortzuhalten. Bierhefe ist deshalb in Kükenrationen und als Beigabe in kritischen Zeiten angebracht.

- *Melasse* verbleibt als Rückstand bei der Verkochung von Zuckerrübensaft und enthält etwa 50 % Zucker. Der Rest ist Wasser und diverse, meist unbrauchbare Stickstoffverbindungen. Sie ist ein wirkungsvoller Klebstoff bei der Pelletierung und hier bisher unersetzbar. Als Staubbinder in Mehlfuttern ist sie wenig geeignet und fördert obendrein noch, aufgrund des hohen Anteils von freien Zuckern, den Angriff von Hefen und Schimmelpilzen auf das Futter. Melasse war in der Vergangenheit mehrfach Ausgangspunkt von Skandalen, weil sich in die braune dickflüssige Brühe hervorragend andere Substanzen wie Altöl, Frittierfett oder Ähnliches untermischen lässt. Qualitätssicherung ist also wichtig bei Melasse, allerdings nicht ganz einfach, weil sie nur saisonal produziert und danach zwischengelagert wird.

Futterzusatzstoffe

Die Liste der zugelassenen Futterzusatzstoffe ist lang, die Preise sind hoch. Die Wirkungen sind uneinheitlich und in jeder Herde anders. Daher sollte man nicht einem Verkäufer derartiger Substanzen, sondern nur dem Mischfutterhersteller oder Berater, der daran nichts verdient, vertrauen. Futterzusatzstoffe sollten nur als Feuerwehrmaßnahme oder im Rahmen eines detaillierten Fütterungskonzeptes eingesetzt werden, da ansonsten Abstumpfungseffekte auftreten können. Im Folgenden einige Beispiele aus Praxis und Wissenschaft:

- *Appetitanreger* auf Basis von Kräutern oder Gewürzen können die Futteraufnahme um bis zu 50 % anheben. Wenn die Tiere nach einer Krankheit nicht wieder in Leistung kommen, kann Appetitanregung sinnvoll sein. In normalen Zeiten erhöht sich die Passagegeschwindigkeit im Verdauungstrakt und es wird unverdaute Nahrung wieder ausgeschieden – der Leistungseffekt ist null, der Kosteneffekt riesig. Im schlimmsten Fall beschert man den Tieren eine Koli-Infektion, wenn sich auf der unverdauten Nahrung die Koli-Stämme richtig wohlfühlen.

- *Gewürzextrakte* (Knoblauch, Majoran, Zimt usw.) führen in konzentrierter Form zu einer latenten Darmentzündung mit Abwehrreaktionen auch gegen darmpathogene Keime. Wenn sie in Kombination mit richtig dosierten Probiotika eingesetzt werden, verpufft oftmals ihre Wirkung. Im Vergleich sind Gewürzextrakte immer relativ teuer, man kann sie aber bei unklarer Diagnose als „Feuerwehrmaßnahme" gut einsetzen.

- *Probiotika* sind Mikroorganismen, die positive Wirkungen im Darm entfalten oder darmpathogene Keime verdrängen. Entscheidend ist die Stabilität der Mikroorganis-

men-Stämme während der Futter-
bereitung, Pelletierung, Lagerung
und Verdauung; da gibt es große
Unterschiede. Probiotika dürfen
nur vom Mischfutterhersteller ein-
gemischt werden. Nützlich sind sie
bei Kükenrationen.

- *Enzyme* helfen bei der Verdauung,
insbesondere im Kükenstadium.
Am wirksamsten sind Phosphat
und Stärke aufschließende Enzyme. Die Versuchsergebnisse sind
nicht immer eindeutig, die Kosten
i. d. R. hoch.

- *Selbstvermehrte Mikroorganismen*
sind als Futterzusatzstoffe nicht
zugelassen.

- *Säuren* entlasten den Stoffwechsel
von legenden Tieren und verbes-
sern das Darmklima. Im Grunde
werden alle legenden Tiere mit
einem viel zu kalziumreichen und
damit basischem Futter gefüttert.
Wir benötigen das Kalzium für
die Eischale, aber basisches Futter
entspricht nicht der Physiologie

des Geflügels. Die Zugabe von
Säuren entlastet den Stoffwechsel.
Zugelassen sind nur Obstessig und
Milchsäurepräparate wie z. B.
Brottrunk. Die Verabreichung
kann übers Futter oder die Tränke
erfolgen. Die Tränke-Einrich-
tungen müssen danach gespült
werden, damit sich keine „Essig-
mutter" (essigbildender Pilz) im
Leitungssystem festsetzt.

- *Laktose* (Milchzucker) ruft bei
Hühnergeflügel Durchfall hervor,
Puten vertragen es mit bis zu
1,5 % im Futter etwas besser. Die
Induzierung von Durchfall kann
man sich bei einer Wurmkur zunutze machen, die Würmer werden
einfach mit einer „Darmspülung"
abgeführt. Nach so einer Maßnahme muss freilich der Stall gesäu-
bert und der Auslauf gewechselt
werden.

Nährstoff-Tabelle für Komponenten im Geflügelfutter

(Alle Werte bezogen auf 1 kg Frischmasse des Futtermittels)

	RP	Methionin	Lysin	Threonin	MJ-ME	Rohlipide	TM
Getreide							
Mais	80 g	1,6 g	2,2 g	2,5 g	13,5	40 g	870 g
Weizen	**120 g**	1,8 g	3,4 g	3,4 g	12,6	20 g	865 g
Weizen	**100 g**	1,5 g	2,9 g	2,8 g	12,7	20 g	865 g
Triticale	100 g	1,6 g	3,5 g	3,2 g	12,7	20 g	865 g
Gerste	90 g	1,6 g	3,3 g	3 g	11	24 g	865 g
Nacktgerste	110 g	2 g	3,6 g	3,3 g	12,3	22 g	872 g
Hafer	90 g	1,4 g	3,6 g	3 g	10,2	54 g	872 g
Nackthafer	120 g	1,8 g	4,8 g	3,7 g	13,7	62 g	875 g
Buchweizen[1]	100 g	1,9 g	5,5 g	4 g	10,9	25 g	880 g
Mühlennachprodukte							
Weizenkleie	140 g	2,2 g	6 g	5 g	7,3	39 g	880 g
Weizennachmehl	166 g	2,9 g	5,8 g	5,2 g	12,4	48 g	882 g
Körnerleguminosen							
Erbsen	210 g	2,1 g	15 g	7,8 g	11,5	14 g	870 g
Bohnen	260 g	1,9 g	15 g	8,5 g	10,8	15 g	870 g
Lupinen, blaue	300 g	2 g	14,2 g	10,3 g	8,1	42 g	890 g
Wicken[1]	260 g	4,4 g	17,4 g	8,3 g	10,5	15 g	880 g
Sojabohnen	360 g	4,9 g	21 g	15,2 g	14,5	200 g	880 g
Ölkuchen							
Sojakuchen	425 g	5,7 g	24,8 g	17,8 g	11	85 g	920 g
Sonnenblumenkuchen	**210 g**	5,5 g	7,1 g	7,2 g	7,5	110 g	925 g
Sonnenblumenkuchen	**258 g**	6,8 g	9 g	8,8 g	8,9	120 g	920 g
Sonnenblumenkuchen (entschält)	**368 g**	8 g	12,8 g	12,3 g	11,9	150 g	910 g
Rapskuchen	299 g	6 g	18 g	12 g	9,8	125 g	905 g
Leinkuchen	300 g	5,4 g	10,5 g	13,2 g	9,5	82 g	899 g
Sesamkuchen[1]	360 g	10,2 g	9,8 g	13,9 g	12,9	180 g	910 g
Milchprodukte							
Magermilchpulver	340 g	9,4 g	26,1 g	15,8 g	11,8	12 g	948 g
Caseinpulver	772 g	24,7 g	65 g	40 g	13,6	117 g	890 g
Flüssige Komponenten							
Sonnenblumenöl	-	-	-	-	36	998 g	998 g
Melasse	100 g	-	-	-	10,9	-	770 g
Grünfutter							
Frischgras	30 g	0,5 g	1,2 g	1 g	1	10 g	130 g
Luzernegrünmehl – M12	**130 g**	2,1 g	5,8 g	4 g	3,8	22 g	880 g
Luzernegrünmehl – M16	**170 g**	2,5 g	7,2 g	6,7 g	5,3	40 g	880 g
Grasgrünmehl	140 g	2 g	5 g	5,3 g	5,2	32 g	880 g
Möhren, frisch	10 g	0,1 g	0,2 g	0,4 g	1	1,6 g	110 g
Futterüben	12 g	0,1 g	0,4 g	0,3 g	1,1	9,6 g	150 g
Konventionelle Komponenten							
Maiskleber	585 g	15,5 g	10 g	19,8 g	13,1	22 g	91 g
Kartoffelprotein (hell)	770 g	17,6 g	60,4 g	25,6 g	14	45 g	930 g
Biertreber	230 g	5,8 g	9,7 g	8,5 g	9	18 g	910 g
Bierhefe	450 g	6,7 g	32 g	21,7 g	11	80 g	880 g

1) Für diese Rohstoffe ist die Datenbasis gering.

Quellen: Untersuchungen von Zollitisch in Österreich, der Landwirtschaftskammer Hannover, des Ökoringes in Schleswig-Holstein, eigene Analysen und Daten der Dokumentationsstelle in Hohenheim und der Degussa.

4 Von der Komponente zum Futter: Herstellung, Technik, Lagerung

Rudolf Joost-Meyer zu Bakum

Futtermittelabfüllung

Die Kombination von Futtermitteln mit ganz unterschiedlichen Nährstoffgehalten führt zu unserem gewünschten Mischfutter, das aber seine erwartete oder errechnete Leistung nur entfalten kann, wenn auf dem Weg von der Komponente zum Futterverzehr keine groben Fehler unterlaufen.

Futterstruktur

Feststellen kann man zunächst, dass es einerseits feinkörnige bis mehlige Komponenten gibt, wie z. B. alle konventionellen Eiweißträger, Mineralstoffmischungen sowie Milchprodukte, und andererseits von Natur aus grobe Komponenten wie Getreide, Körnerleguminosen oder Grünmehlpellets. Dazwischen stehen die Ölkuchen, die i. d. R. als Gemisch aus Brocken größer als 3 mm, Krümeln und Mehl die Ölmühle verlassen. Aus Grundregel kann gelten: die hochwertigen Komponenten sind die feineren. Die groben Komponenten müssen deshalb soweit zerkleinert werden, dass auf dem Weg vom Mischer bis zur Fütterungstechnik im Stall keine Entmischungen auftreten. Gradmesser der erforderlichen Zerkleinerung ist die gleichmäßige Futterstruktur, weniger das Verdauungsvermögen der Tiere. Unser ideales Bio-Futter wird damit feiner als man sich landläufig in Deutschland ein Geflügelfutter vorstellt. Hinzu kommt, dass Körnerleguminosen ein viel schlechteres Wasseraufnahmevermögen (Quellung) haben als z. B. Getreide oder konventionelles Sojaschrot, insbesondere

Lupinen und Sojabohnen. Dies kann bei grober Struktur zu schlechter Verdauung führen, insbesondere wenn den Tieren nicht regelmäßig Grit für die Vermahlung im Muskelmagen zur Verfügung steht. Wer regelmäßig eine Kotprobe über einem feinmaschigen Küchensieb auswäscht, kann genau erkennen, was seine Tiere nicht verdaut haben und was sie außer Kraftfutter sonst noch fressen – man darf auf Überraschungen gefasst sein.

Zerkleinerungstechnik

Ziel ist das halbe oder geviertelte Getreidekorn und Leguminosen bzw. Mais gleicher Größe. Wer mit einer Hammermühle arbeitet, muss stärker zerkleinern als bei Benutzung einer Quetsche, denn das Quetschgut rollt nicht so gut, entmischt sich also weniger. Quetschgut erhitzt sich auch nicht so stark wie Schrot aus der Hammermühle, die Reibungsenergie ist geringer.

Dennoch ist die Hammermühle beliebt, weil sie auch Leguminosen gut verarbeitet, einen hohen Stundendurchsatz bringt und bei Gebläsemühlen den Transport zum Mischer gleich mit erledigt. Bei einem außen liegendem Siebkorb haben sich geteilte Siebe mit einer kleineren Lochung im Einlaufbereich und einer größeren im nachfolgenden Bereich bewährt, z. B. 4 mm plus 6 mm oder 6 mm plus 8 mm Sieblochung.

Steinmühlen, Scheibenmühlen, Stiftmühlen, Quetschen oder Walzenstühle liefern eine bessere Futterstruktur.

Das Mahlgut ist gleichmäßiger, staubärmer und wird insgesamt schonender verarbeitet. Sie sind allesamt sehr anfällig für Fremdkörper und haben Probleme mit dem Einzug von großkörnigen, runden Leguminosen. Bei Landwirten findet man sie daher selten und in Mühlen bereiten sie auch reichlich Probleme.

Mischtechnik

Alle landwirtschaftlichen Mischer wie auch die fahrbaren Mahl- und Mischwagen sind nur bei feinem

Futtermischer
Fotos: Christoph Ziechaus

Schweineschrot geprüft. Bei grobem Geflügelfutter entmischen viele das Futter. Günstig sind schlanke Mischer, Durchmesser unter 130 cm, mit offener konischer Mischschnecke. Auch sogenannte Diagonalmischer sind empfehlenswert.

Die typischen stehenden landwirtschaftlichen Mischer benötigen für eine ansprechende Mischgenauigkeit

31

Mischzeiten von bis zu 20 Minuten. Das lässt sich verkürzen, wenn die hochwertigen Komponenten zuerst eingegeben werden und während des Mahlens ständig gemischt wird. Über ein Umlaufsystem muss sichergestellt werden, dass keine hochwertigen Beigaben im Beimischtrichter verbleiben. Am schwierigsten ist Öl zu vermischen. Es wird entweder langsam von oben auf die Mischung gesprüht (nicht gepladdert), wobei es im Laufe der Zeit zu Verklumpungen am Behälterrand kommt. Besser wird es bei laufendem Mischer im unteren Drittel des Mischerkonus eingepumpt, wenn der Konus zu mindestens 2/3 gefüllt ist. Anfallende Filterstäube sollten sofort dem Mischprozess wieder zugeführt werden, weil sich sonst unbrauchbare Abfälle sammeln und gar noch verderben.

Fahrbare Mahl- und Mischanlagen

Diese sind i. d. R. mit einer Hammermühle und einer Quetsche ausgestattet. Idealerweise laufen die Komponenten über die Quetsche, denn zum Wechseln der Siebe haben die Fahrer meistens keine Lust. Das vom Mischfutterhersteller gelieferte Ergänzungsfutter muss an der Quetsche vorbei direkt in den Mischer befördert werden; nicht alle Anlagen können das. Die praktische Mischgenauigkeit ist nur so gut wie die Kontrolle des Betriebsleiters; allein gelassen bestimmen die Fahrer das Mischungsverhältnis. Die Anlagen schleppen Restmengen vom vorherigen Betrieb mit sich. Es muss sichergestellt werden, dass vor dem Bio-Futter kein konventionelles Futter mit Medikamenten oder Wachstumsförderern gemischt wurde. Beim Bioland-Verband ist ein Qualitätssicherungskonzept verfügbar, das die möglichen Gefahren beim Einsatz der fahrbaren Anlagen berücksichtigt und Sicherungsmaßnahmen vorschlägt.

Öl- und Melassezugabe

Mit beiden lässt sich der Staubanteil binden, wobei Melasse schwierig zu handhaben und weniger effektiv ist. Bei geringen konventionellen Anteilen wird der Ölzusatz durch den Fettgehalt der übrigen Komponenten begrenzt.

Pelletieren und Krümeln

Mithilfe von Hitze und Druck kann die Struktur und Nährstoffverfügbarkeit des Futters, bis hin zum aufgepoppten Petfood für Hunde und Katzen, verändert werden. Der Energieaufwand ist etwa 10-mal so hoch wie beim Mahlen. Dieser Energieeintrag führt zu einer gewissen Hygienisierung, hat aber im weiteren nur zerstörende Wirkung auf Vitamine, färbende Stoffe, Fettsäuren und Proteine. Es muss also gute Gründe für eine nachgeschaltete Strukturierung geben. Diese liegen i. d. R. nur bei Puten und Junggeflügel vor, denn mithilfe der Pelletierung wird eine Futterentmischung ausgeschaltet, was in den ersten Lebenswochen entscheidend ist.

Matrize einer Pelletier-Anlage. Die Presslinge (Pellets) werden laufend abgeschnitten.
Foto: Christoph Ziechaus

Eine Pelletierung von Legehennenfutter darf nur erfolgen, wenn die Futteraufnahme aus anderen Gründen zu niedrig ist. Der eigentliche Fehler liegt dann meist in der Aufzucht, der Stalleinrichtung oder der zu knappen Wasseraufnahme. In gut gemanagten Legehennenbeständen führt das Pelletieren zu stärkerem Federpicken, denn die Zeit für die Futteraufnahme wird kürzer und danach beginnt die Zeit der Unterbeschäftigung. Über Pelletieren und anschließendes Krümeln bekommen wir wieder eine den Legehennen angemessene Futterstruktur. Aber dieses Verfahren dient meist nur der Kaschierung von Fehlern in der Futterzusammensetzung. In Versuchen konnten keine positive Wirkungen festgestellt werden.

Futtersilos

„Nach dem Mischen folgt das Entmischen", das lernt jeder auf der Müllerschule. Schlanke Silos mit steilen Ausläufen haben hier wenig Probleme, breite Trevirasäcke die größten. Trevirasäcke eignen sich ohnehin nur für Pellets oder Getreide. Mehliges und salzhaltiges Futter schimmelt in Treviras sehr schnell, weil die Feuchtigkeit nur eingeatmet, aber nicht wieder abgegeben wird. Wer nur niedrige und breite Silos aufstellen kann, sollte zumindest einen Prallkegel am Einlauf montieren um das Schlimmste zu vermeiden. Mittels billiger Natrium- und Kalzium-Analysen lässt sich die Futterentmischung beproben. Wichtig ist eine funktionstüchtige Entlüftung, regelmäßiges vollständiges Entleeren und großvo-

Futtersilo
Foto: Christoph Ziechaus

Futtermischersilo
Foto: Christoph Ziechaus

lumige Entleerungsschnecken, um die Futterstruktur zu erhalten. Im Hinblick auf den Erhalt der Futterstruktur ist die Spirale negativ zu beurteilen. Um den Futterverderb im Silo vorzubeugen, sollte das Futter vorm Einblasen auf Umgebungstemperatur abgekühlt sein. Dies ist wichtige Voraussetzung zur Vermeidung von

Kondenswasser (bevorzugt an der Außenwand) im Silo.

Kostenstruktur beim Selbstmischen

Die gesamten Logistikkosten (Antransport, Verarbeitung, Abtransport, Lizenz) für Futtermittel im Bio-Bereich betragen 6,- bis 10,- Euro pro dt in Deutschland und Österreich, in der Schweiz bis zu 12,- Euro. Geht man davon aus, dass 50 bis 60 % des Futters vom eigenen Hof stammen könnten, darf das Selbermischen 3,- bis 5,- Euro pro dt kosten – die Hälfte der Logistikkosten (für den Ergänzer) müssen ja ohnehin bezahlt werden. Fahrbare Mahl- und Mischanlagen berechnen 1,50 bis 2,- Euro pro dt und erledigen den innerbetrieblichen Transport gleich mit. Die Eigenmechanisierung ist i. d. R. teurer. Das Einsparpotenzial liegt damit bei 2,- bis 3,- Euro pro dt fertiges Futter, ein halber Cent pro Ei. Hierbei ist aber unterstellt, dass der Selbstmischer die Zukaufkomponenten zu vergleichbaren Konditionen beschaffen kann!

Futterstruktur bei 100 % Bio-Futter

Der Wegfall der hochkonzentrierten und feinen, konventionellen Komponenten führt zu einer gleichmäßigeren Nährstoffverteilung und Futterstruktur mit geringerer Neigung zur Entmischung. Das gleicht z. T. den geringeren Nährstoffgehalt der 100 % Bio-Rationen aus. Die Bedarfsnormen für 100 % Bio-Futter in Kapitel 6.1 konnten daher niedriger angesetzt werden.

Technik der Getreidebeifütterung

In der Schweiz müssen 40 % des Futters als Körnergabe in die Einstreu gegeben werden. Die eigentliche Futtermischung wird also im Stall zusammengestellt, in der Futterkette läuft nur ein Ergänzer. Das System ist wirtschaftlich tragbar, wenn die umfangreiche Körnergabe mechanisiert und über den Tag verteilt wird – noch besser würde es funktionieren, wenn nur 25 % als Körnergabe gegeben würden, damit die Mineralstoffkonzentration in der Futterkette nicht so hoch angesetzt werden muss. Das System lohnt eine ökonomische und technische Betrachtung:

- für das Tierverhalten ist die Einstreu eine Bereicherung, vorausgesetzt, der Scharraum ist groß genug
- für 25 % des Futters fallen keine Verarbeitungskosten an
- das Einsparpotenzial entspricht dem der Eigenmischung
- anpassungsfähig an verschiedene Altersabschnitte durch Variation des Getreideanteils und der Getreideart
- Mechanisierung für eigene Futterherstellung unnötig.

Zur technischen Handhabung siehe Kapitel 5.

5 Legehennen – Fütterungsverfahren, Systeme, Technik

Dr. Friedhelm Deerberg

Grundsätzlich kann Legehennen das Futter trocken und/oder in nassfeuchter Form angeboten werden. Feuchtes Futter ist sehr beliebt, weil es nicht staubt und besser abgeschluckt werden kann. Besonders Tiere mit Erkrankungen der oberen Atemwege reagieren empfindlich auf staubiges Futter, so dass die Futteranfeuchtung einen positiven Effekt hat. Es muss hierbei jedoch unbedingt darauf geachtet werden, dass die Futtermenge innerhalb kurzer Zeit frisch von den Tieren gefressen wird. Nur so kann eine Aufnahme von verdorbenem Futter (insbesondere in der warmen Jahreszeit) vermieden werden.

5.1. Fütterungsverfahren

Alleinfütterung

Die Alleinfütterung ist momentan das verbreitetste Verfahren. Hierbei bekommen die Tiere ein Futter, dessen Nährstoffinhalt ausreichend ist, die Tiere entsprechend der Tierart und dem Alter bedarfsgerecht zu versorgen. Hierfür wird ein an den Fütterungsnormen orientiertes Mischfutter eingesetzt. Es wird im Allgemeinen trocken und zur freien Aufnahme angeboten. Die Rezeptur dieses Mischfutters ist darauf ausgerichtet, dass sich das Futter durch Transport und Lagerung nicht verändert und die gewünschte Futteraufnahme erreicht wird. Gleichzeitig kann die Ration ergänzend eine oder mehrere Einzelkomponenten wie Gras, Körner, Gemüse(-abfälle) usw. beinhalten. Es handelt sich hierbei um eine vergleichsweise einfach zu handhabende Fütterung, die mit jeder Fütterungstechnik durchzuführen ist.

Kombinierte Fütterung

Hierfür wird ein Ergänzungsfutter mit mindestens 20 % Rohprotein und etwa 11 MJ umsetzbarer Energie zur freien Verfügung angeboten. Dieses Futter wird durch einen erhöhten Anteil von Körnern zum Picken ergänzt; geeignet sind Weizen, Hafer, Gerste und kleinkörniger oder gebrochener Mais. Durch eine Bearbeitung mit einer Quetsche können auch großkörnigere Samen verfüttert werden. Wichtig ist, auf die Herstellerangaben bezüglich der Fütterungshinweise zu achten. Diese geben Empfehlungen hinsichtlich Art und Umfang der möglichen Komponenten für die Ergänzung. Die Verfütterung weiterer Einzelkomponenten in der Ration ist möglich, erfordert jedoch eine gute Abstimmung mit dem Nahrungsaufnahmeverhalten der Tiere. Dieses Verfahren kommt vorwiegend bei Tieren zur Anwendung, die bereits älter sind.

Bei der Aufzucht von Junghennen konnte dies in kleinen Gruppen auch bereits im Kükenalter durchgeführt werden. Der Aufwand für die Fütterungstechnik und Arbeitszeit ist abhängig von den Größen der Stalleinheiten. Der Ergänzer kann mit der üblichen Technik in Verbindung mit einer Steuerungstechnik angeboten werden. Die ergänzenden Komponenten benötigen unter Umständen eine zusätzliche Technik.

Phasenfütterung

Die Phasenfütterung kommt in zwei unterschiedlichen Verfahrensweisen zur Anwendung:

1. Als eine Modifikation der Alleinfütterung, bei der den Tieren entsprechend der Alters- und Leistungsabschnitte ein abgestimmtes Alleinfutter täglich zur freien Aufnahme angeboten wird.
2. Als eine Form der kombinierten Fütterung, bei der den Tieren im festen Rhythmus (normalerweise tageweise) abwechselnd ein Ergänzungsfutter und andere Komponenten angeboten wird. Die Anpassung der Nährstoffbedürfnisse kann dabei durch Rationierung des Ergänzungsfutters erfolgen oder durch abgestufte Ergänzungsfutter in konstanter Menge.

Bei Letzterem besteht die Gefahr, dass sich die Tiere nur von bevorzugten Komponenten ernähren. Dies kann sich auf Gesundheitszustand und die Leistung der Hennen auswirken. Die Tiere müssen frühzeitig gelernt haben, sich auf die Phasen einzustellen. In Kombination mit einer echten Freilandhaltung, bei der auch noch schwankende Mengen Grünaufwuchs aufgenommen werden, stellt dies große Anforderungen an das Futtermanagement und die Beobachtung der Tiere.

Beifutterangebot

Im Rahmen der Rationsplanung sollte den Tieren auch ein Teil Futter mit größerem Beschäftigungseffekt verabreicht werden. Bei entsprechenden Voraussetzungen kann der Grünauslauf hierzu viel beitragen. Grünaufwuchs und Fläche bieten im Verlauf der Vegetation ein differenziertes Betätigungsfeld für die Tiere. Im Zusammenhang mit der Alleinfütterung werden bevorzugt Getreidekörner angeboten, die in Abhängigkeit von der Gesamtmenge einmal oder auf mehrere Gaben verteilt angeboten werden. Da Getreidekörner bei den Hennen sehr beliebt sind, können sie zur Steuerung des Verhaltens im Tagesablauf der Tiere eingesetzt werden. Erleichtert wird dies durch die einfache Handhabung der Körner bei einer flächigen Verteilung, welche ein Futterangebot an unterschiedlichen Stellen im Haltungssystem während der Haltungsperiode ermöglicht. Das Angebot von trockenem Raufutter erfolgt meist vorratsmäßig zur freien Aufnahme. In solchen Fällen ist darauf zu achten, dass das Futter nicht verderben kann und mehrere Futterstellen gleichzeitig angeboten werden, damit bei der Ausführung des Nahrungssucheverhalten kein Stress entsteht.

Bei feuchtem Raufutter muss ebenfalls darauf geachtet werden, dass dieses frisch gefressen wird und sich keine nachteiligen Futterveränderungen einstellen können. Ferner muss die Gefahr einer Kropfverstopfung beobachtet werden.

5.2 Fütterungssysteme und Technik

Die in der Legehennenhaltung zum Einsatz kommenden Fütterungssysteme können mit unterschiedlichen Techniken aufgebaut sein. Alleinfutter oder Futterkonzentrate werden meist mit automatisierter Fütterungstechnik angeboten. Der Mechanisierungsgrad ermöglicht es, die Menge und Zeitpunkte für die Futterversorgung festzulegen, dem Verhalten der Tiere anzupassen und damit eine breite Variationsmöglichkeit zu haben. Bei der Vorlage des Beifutters sind je nach den betrieblichen Gegebenheiten mechanische und manuelle Techniken anzutreffen.

Die Fütterungstechniken unterscheiden sich nach:
1. der Trogform: Längs- oder Rundtröge
2. der Fördertechnik: Flachkette, Seilförderer, Spirale, Schnecke
3. dem Vorratsvolumen: Teilmenge (1 bis 2 Mahlzeiten), Tagesvorrat, mehrere Tage.

Welche Technik für den Betrieb geeignet ist, ist abhängig von:
a. der Anzahl der Tiere bzw. Stallgröße
b. dem gewünschten Fütterungsverfahren
c. der Art der Futteraufbereitung.

Futterkette Junghennen
Foto: Christoph Ziechaus

Rundautomat
Foto: Christoph Ziechaus

In der Legehennenhaltung kommen fast ausschließlich Trockenfütterungstechniken zum Einsatz. Techniken für eine automatisierte Feucht- oder Nassfütterung werden standardmäßig von den Stalleinrichtungsfirmen nicht angeboten. In einzelnen Fällen sind betriebsindividuelle Lösungen im Einsatz.

Die einfachste Form von Fütterungstechnik für ein Futterkonzentrat ist ein Längstrog, an dem alle Tiere gleichzeitig fressen können. Dieser kann ein oder mehrmals täglich mit Futter befüllt werden. In kleinen Beständen erfolgt dies häufig manuell mit einem Eimer oder Ähnlichem. Wird der theoretische Tagesbedarf gezielt vorgelegt, so ist eine einfache Kontrolle der Futteraufnahme der Tiere von Tag zu Tag möglich. Nehmen die Hennen das Futter aufgrund seiner Struktur stark selektiv auf, empfiehlt es sich, den Trog einmal am Tag leer fressen zu lassen.

Wenn keine täglich erneute Futtervorlage angestrebt wird, so werden bevorzugt Rundautomaten aufgestellt, die den Vorrat für mehrere Tage auf einmal aufnehmen können. Diese Automaten müssen jedoch regelmäßig überprüft werden, damit den Tieren ausreichend Futter zur Verfügung steht. Bei diesem Verfahren ist die Fließfähigkeit des Futters entscheidend für das Nachrutschen im Automaten und damit auch für die Kontinuität der Futterversorgung. Für die Rezepturplanung des Mischfutters ergeben sich hieraus Einschränkungen für die Auswahl und die Menge von Einzelkomponenten. Auch ein Automat muss regelmäßig geleert werden, damit sich keine Nester aus verdorbenem Futter bilden. Dazu entleert man 1 bis 2 Mal pro Woche die Reste in eine Schüssel und übergießt sie mit etwas Wasser, so dass ein Feuchtfutter entsteht, welches zügig verzehrt wird.

Reststoffe aus der betriebseigenen Milchverarbeitung. Foto: Friedhelm Deerberg

Pfannenfütterung Foto: Friedhelm Deerberg

In der Legehennenhaltung ist der mechanisierte Längstrog am stärksten verbreitet. Die Verteilung des Futters erfolgt überwiegend mit einer Flachkette. Durch die Regulierung der Füllhöhe im Trog kann die Futtermenge pro Mahlzeit beeinflusst werden. Dadurch ist es möglich, Futterintervalle in den Tagesablauf der Tiere zu integrieren. Durch den Rundlauf der Kette werden übrig gebliebene Futterreste mit dem frischen Futter aufgemischt und den Tieren wieder vorgelegt. In Abhängigkeit von der Stalllänge bzw. der Lauflänge der Kette kann die Umlaufgeschwindigkeit durch die Motorauswahl für den Antrieb angepasst werden. Bei einer starken Fraktionierung von Grob- und Feinanteilen werden die groben Bestandteile zunächst bevorzugt von den Hennen aufgepickt. Der selektiven Futteraufnahme kann durch eine höhere Umlaufgeschwindigkeit der Kette und verkürzte Schaltintervalle in gewissem Umfang entgegen gewirkt werden.

Bei Längströgen mit einer Spirale oder Schnecke tritt dieses Phänomen nicht so stark auf, da die Tiere erst dann richtig zu fressen beginnen, wenn die Spirale sich nicht mehr dreht. Bei einer entsprechenden Größe können die Tröge auch den Futterbedarf für einen Tag aufnehmen („Tagesfutterautomat"). In diesem Fall ist keine Automatisierung für tägliche Fütterungsintervalle erforderlich und der Trog kann mechanisch befüllt werden.

Als automatisierte Rundtröge sind Pfannenfütterungen und Schwebetröge im Einsatz. Sie werden mit Spiralen oder Seil- oder Kettenförderanlagen beschickt. Sie sind so ausgelegt, dass sie einen Teil der Tagesmenge aufnehmen können. Aufgrund ihres Aufbaus muss das Futter ausreichende Fließeigenschaften besitzen. Besitzt das Futter einen großen Anteil gröberer Bestandteile, sollten möglichst alle Tiere gleichzeitig fressen können. Die Erfahrungen mit Pfannenfütterung sind im ökologischen Landbau durchweg schlecht. Die zur Verfügung stehenden Futterkomponenten machen es schwierig, ein für Pfannen geeignetes Futter mit gleichmäßiger Größenstruktur herzustellen.

Das Beifutter, also Körnergaben und Ähnliches, wird in fast allen Betrieben manuell verteilt; nur bei größeren Beständen sind häufig automatisierte Techniken im Einsatz. Streu- und rieselfähiges Futter kann mechanisch transportiert und verteilt werden. Für Getreidekörner kommen Prallteller, Schleuderstreuer oder pneumatische Streuer zur Anwendung. Diese Systeme werden dann im überdachten Auslauf fest installiert. Soll Körnergetreide an anderer Stelle des Haltungssystems verteilt werden, ist zusätzliche Handarbeit erforderlich.

Für die Verfütterung von Heu oder Gärheu können kleine, gut gepresste Hochdruckballen direkt eingesetzt werden. Lockeres Raufutter sollte hingegen in Futterkörben angeboten werden, aus denen die Hennen das Futter zupfen können. Ein andere Möglichkeit, lockeres Raufutter anzubieten, besteht darin, den Hennen den Zupfvorgang abzunehmen und das Futter zu musen. Dies kann den Vorteil haben Einzelkomponenten mit unterschiedlicher Beliebtheit und Konsistenz so zu vermischen, dass eine selektive Aufnahme nicht mehr stattfindet. Je nach Feuchtegehalt des Endproduktes müssen die Geräte auf ihren Hygienestandard hin überprüft werden.

Automatische Körnerfütterung mit Volumendosierer und Prallteller
Foto: Willi Baumann

6 Rationsgestaltung

Rudolf Joost-Meyer zu Bakum

6.0 Einleitung

Definition und Beobachtungen

Eine Ration ist die Summe aller Futterstoffe, die ein Tier im Laufe z. B. eines Tages zu sich nimmt. Für kaum ein Nutztier können wir diese vollständig vorausbestimmen. Immer wird das Tier auf die eine oder andere Weise Futter selektieren oder Stoffe aufnehmen, die ihm als Futter nicht unbedingt zugedacht waren (Kotauswaschungen bestätigen das immer wieder). Weil unser Futter niemals perfekt ist, die Umwelt immer unterschiedlich und die Tiere ohnehin verschieden, gilt es, die nicht geplante Futteraufnahme oder entsprechende Futteraufnahmeversuche sorgfältig zu beobachten. Mit Sachverstand lässt sich daraus auf einen Mangel im angebotenen Futter oder der Stallumgebung schließen. Einige Beispiele:

- Junghennen fressen Beton = Gritmangel
- Legehennen fressen Gummi-Matten = Rohfasermangel, Einstreu schlecht
- Hennen fressen herumliegende Federn = Cystin-Mangel
- Tiere selektieren nur Getreide = Protein-Überhang, Leistung schwach
- Tiere sortieren Getreide aus = Protein- oder Salz-Mangel
- Küken suchen überall nach Futter = angebotenes Futter schlecht
- Tiere trinken sehr viel = zu viel Salz, Mycotoxine, zu viel Soja, zu viel Fett
- Tiere fressen draußen nur Halme = zu wenig Rohfaser, zu viel Fett.

Vier grundverschiedene Systeme

Die meisten Bio-Geflügelhalter versuchen *85 bis 90 % der Tagesration über ein Mischfutter* beständig und zur Sättigung anzubieten. Tägliche Körner- und Raufutterfütterung oder -weide ergänzen dann mit 10 bis 15 % der gesamten Trockenmasseaufnahme das Mischfutter. Damit erfüllt man gerade die Minimal-Anforderungen an eine ökologische Fütterung.

Wird die *Körnergabe auf 25 %* und mehr hochgefahren und die Raufutteraufnahme auch im Winter mit mindestens 10 % sichergestellt (etwa über Siloballen oder Maissilage), dann sind wir schon auf gutem Wege zur Vollbeschäftigung der Hennen. In der Schweiz sind derartig hohe Beigaben vorgeschrieben, die Tiere danken es zumindest mit weniger Fehlverhalten; wesentliche Voraussetzung ist allerdings eine hohe Akzeptanz des Konzentrates.

Aus Skandinavien kommt *ein System der freien Futterwahl*. Grundfutter, Getreide, Eiweiß- und Mineralstoffergänzer werden im Stall getrennt angeboten. Die Tiere nehmen sich, was sie benötigen, wie in der Natur. Wenn Geflügel mit diesem System aufgewachsen ist, kann es recht gut klappen. Die Rationszusammensetzung lässt sich freilich nicht mehr durch irgendwelche Richtlinien vorschreiben. Gelegentlich kommt es zu Luxuskonsum von einigen Komponenten, weil deren Struktur oder Aussehen den Tieren am angenehmsten ist, obwohl sie es in der Menge nicht benötigen. Leistungssteuerung über das Futter wie z. B. Eigrößen-Anpassung oder Mauser-Einleitung ist nicht mehr möglich.

Breifütterung ist bei den Tieren beliebter als Trockenfütterung. Die Futteraufnahme steigt um bis zu 20 %. Viele machen sich das zunutze, wenn nach einem Leistungseinbruch die Tiere wieder angefüttert werden sollen. Dann wird für eine begrenzte Zeit nachmittags ein Brei aus konzentriertem Futter (Kükenstarter oder Eiweißergänzer) plus Wasser angeboten, etwa 30 % der angestrebten Tagesration. Der wird dann in Kürze verzehrt und hebt die gesamte Futteraufnahme.

Vollständige Breifütterung eröffnet die Möglichkeit, höhere Anteile an weniger konzentrierten Futtermitteln zu verwerten. Über Ankeimen oder Fermentieren kann vorher noch die Verdaulichkeit gesteigert werden. Das verlangt allerdings nicht nur einen erheblichen Arbeitsaufwand, sondern auch ein gutes Hygiene-Management, denn die Übergänge zwischen Fermentieren, Gären und Gammeln sind fließend und nicht jeden Tag gleichartig.

Makro- und Mikrokomponenten
Rationsgestaltung ist wie Kochen: Nährstoffe und Ballaststoffe müssen stimmen, Geschmack, Struktur und Farbe ebenfalls. Aber wenn am Ende ein Körnchen Salz fehlt, dann war das ganze Essen nicht viel wert. Und wenn gar noch eine Zutat verdorben war, dann wird den Gästen übel.

Zäumen wir also das Pferd von hinten auf, befassen wir uns zuerst mit den Mikrobestandteilen, denn ihre Wirkung auf die Leistung ist die allergrößte.

Da sind auf der einen Seite die giftigen Stoffe
- Mycotoxine (siehe Exkurs in Kapitel 3)
- Verdauungshemmer wie Vicine, Tannine, Thrypsin-Inhibitoren usw.
- denaturierte Proteine durch Überhitzung beim Pelletieren oder Toasten
- übermäßig Chloride (aus Viehsalz usw.) oder Nicht-Protein-Stickstoff-Verbindungen (NPN) aus Melasse u. Ä.

43

- Überdosierung von einigen Vitaminen und Spurenelementen.

Auf der anderen Seite gibt es die förderlichen Zutaten, das Salz in der Suppe:
- Vitamine
- Spurenelemente
- Verdauungsförderer und Appetitanreger (Gewürze, Kräuter usw.)
- Probiotika (Bakterienkulturen zur positiven Darmbesiedlung usw.).

Mit Ausnahme der Mycotoxine und z. T. der Verdauungshemmer sind die Mikrobestandteile Sache des Mischfutterherstellers, weil die Komplexität über das Know-How der Landwirte hinausgeht. Schaut man sich freilich die angebotenen Mineralfuttermittel an, so lässt sich feststellen, dass hier bestenfalls mittelmäßig gearbeitet wird.

Die *Makrokomponenten,* wie sie im Kapitel 3 beschrieben sind, liefern uns die Nährstoffe, Struktur und Farbe ins Futter. Ihre Zusammenstellung gilt es nun unter Kosten- und Leistungsgesichtspunkten zu optimieren. Konventionell wird dabei so vorgegangen, das für alle bekannten Nährstoffe ein Zielgehalt im Futter definiert wird, z. B für ein Legehennenfutter:
11 MJ-ME Energie
- mindestens 4% Rohfaser
- 15 bis 16% Rohprotein
- 0,36% Methionin
- 5% Rohfett
- 1% Linolsäure
- maximal 5% Roggen.

Der Rechner stellt mithilfe eines Programms zur linearen Optimierung nun das Mischfutter zusammen. Das funktioniert ganz gut, wenn wesentlich mehr verschiedenartige Komponenten als Ziele vorhanden sind. (Für Mathematiker: die Zahl der Freiheitsgrade muss höher sein als die Zahl der Zielfunktionen.) Ist das nicht der Fall, erscheint laufend Error auf dem Monitor. Man hilft sich, indem man so viele Ziele unter den Tisch fallen lässt, bis das Programm wieder läuft. Die Ration ist dann EDV-geschädigt. Häufig geschehen derartige Pannen, wenn konventionelle Berater oder Mischfutter/Mineralfutter-Hersteller, versuchen, ein Bio-Futter zu komponieren.
Auch der Bio-Mischfutterhersteller optimiert, die Herangehensweise ist freilich eine andere. Weil die Zahl der verfügbaren Komponenten geringer ist als die Summe der Ziele, geht er von den möglichen Komponenten aus und passt die Ziele und Zielkombinationen entsprechend an. Das funktioniert ebenso gut, sofern wissenschaftliche Ergebnisse und Erfahrungen in die Zielanpassung einfließen. Am Beispiel von 100% Bio-Rationen wird das nachfolgend beleuchtet.

6.1 Legehennenrationen auf Basis von Alleinfuttern
6.1.1 Mit 15% konventionellen Komponenten
Diese Nährstoffgehalte haben sich in Alleinfuttern bei geringer Beifütterung bewährt und sind experimentell überprüft:

Bedarfswerte für mittelschwere Herkünfte – Maximalgehalte „kritischer" Futterkomponenten

- 11 bis 11,5 MJ-ME Energie – maximal 3 % Kartoffelprotein
- 0,33 % Methionin – maximal 8 % vicinfreie Bohnen
- 0,70 % Lysin – maximal 20 % Körnerleguminosen
- 4 % Rohfett – maximal 20 % Triticale
- 1 % Linolsäure – maximal 25 % Körnermais
- 4 % Rohfaser – 1 bis 2 % Öl zur Staubbindung.

Alle Rationen in der Tabelle erreichen die Zielwerte, der Maisanteil ist entbehrlich. In der Praxis gibt es viele Zwischenstufen, die besser funktionieren als die hier aufgezeigten Extreme. Mit den Typen 1 und 3 lässt sich eine ordentliche Futterstruktur herstellen, Ration 2 wird nur pelletiert gefressen, weil der Anteil des staubigen Kartoffelproteins zu hoch ist. Für Selbstmischer ist die Beschaffung von Bio-Sojabohnen und Bio-Sonnenblumenkuchen oft schwieriger als die von Maiskleber oder Kartoffelprotein. Daher neigen sie zu Ration 4, hier als Eigenmischung bezeichnet. Über den Ölzusatz und damit den Linolsäuregehalt lässt sich die Eigröße in allen Rationen steuern. Zu beachten bleibt, dass es einfach ist, die Eier groß zu „füttern". Sie danach wieder kleiner zu bekommen ohne Rückgang der Legeleistung, gelingt selten und im übrigen eher in den Frühjahrsmonaten. Cleverer ist u. U. derjenige, der in Ruhe einen Anteil S-Eier toleriert,

Komponente	Typ 1 Maiskleber	Typ 2 Kartoffelprotein	Typ 3 SB-Kuchen	4 Eigenmischung
Maiskleber	12 %	7 %	7 %	10 %
Kartoffelprotein		6 %[1]	3 %	2,5 %
Sojabohnen	6 %			
SB-Kuchen			10 %	
Mineralstoffe	10 %	10 %	10 %	10 %
Grünmehl	3 %	5 %		5 %
Pflanzenöl	1 %	2 %	1 %	1,5 %
Melasse			2 %	
Körnerleguminosen	16 %	5 %	15 %	16 %
Weizen	25 %	40 %	32 %	30 %
Triticale	20 %	15 %		20 %
Mais	7 %	10 % (pelletiert)	20 %	5 %

1) Siehe auch bei Komponenten: Kartoffeleiweiß.

Tabelle 2: Einige Beispielrationen

später aber nicht mit übergroßen Knick- und Schmutzeiern zu kämpfen hat.

Wer die Standardmischfutter aufpeppen will, kann zusätzlich einige Prozent Sojabohnen zumischen oder selbiges von seinem Mischfutterhersteller verlangen. Im Regelfall liegt das Problem dann aber nicht beim Futter. Vielmehr verhindert das Stallsystem, die Wasserversorgung oder die schwache Junghenne eine ausreichende Futteraufnahme. Wer Rationen über 11,5 MJ-ME oder über 0,34% Methionin benötigt, damit seine Hennen gut legen oder nicht abnehmen, der hat Engpässe im Stallsystem (Minimalanforderungen unterschritten).

6.1.2 100% Bio-Futter

Die Zielwerte befinden sich noch in der Diskussion. Fakt ist, dass konventionell übliche „Bedarfswerte" nicht einfach übernommen werden können, weil die verfügbaren Komponenten diese Ziele nicht zulassen. Daher wird der Proteinbedarf in Abhängigkeit vom Energiegehalt definiert. Folgende Kombinationen sind für mittelschwere Hennen experimentell überprüft:

Die Zusammenhänge scheinen klar: pro 10 MJ-ME werden etwa 0,28% Methionin und 0,65% Lysin für die derzeit eingestellten Hybridherkünfte im Futter nötig. Dies entspricht auch den Empfehlungen der deutschen Gesellschaft für Ernährungsforschung, ist aber als absolute Untergrenze zu verstehen. Der Fettgehalt führte in allen Fällen zu höheren Eigewichten von 2 bis 3 g im Durchschnitt. Vergleichsbasis sind Maiskleberrationen wie unter 6.1.1. Am geringsten reagierte die Eigröße bei der Ration mit dem niedrigsten Energie- und Fettgehalt. Voraussetzung in all diesen Versuchen waren Hennen mit einem reichlichen Futteraufnahme-Vermögen. Ohne diese Vorleistungen des Junghennenlieferanten wären Rationen mit 9,5 MJ-ME Energie nicht durchführbar, weil das Kompensationsvermögen der Tiere überstrapaziert würde. Dies ganz besonders, wenn sie zeitgleich die Legetätigkeit aufnehmen sollen.

6.1.3 95% Bio-Rationen

Naturgemäß liegen sie zwischen den bisher genannten Rationen. Von der Optimierung her müsste Kartoffelprotein als konventioneller Anteil

MJ-ME Energie	11,5	11	10	9,5	9
Methionin	0,34%	0,31%	0,28%	0,27%	0,25%
Lysin	0,72%	0,7%	0,65%	0,62%	0,6%
Rohfett	5%	5%	4,5%	4%	4%
Rohfaser	4%	5%	6%	7%	8%
Tägliche Futteraufnahme	125 g	135 g	130 g	135 g	140 g

Tabelle 3: 100% Bio-Futter

	Typ Maiskleber 10,8 MJ	Typ Kartoffelprotein 10,5 MJ (pelletiert)
Maiskleber	5%	
Kartoffelprotein		4%
Sojakuchen	10%	
SB-Kuchen	10%	20%
Grünmehl		5%
Mineralstoffe	10%	10%
Öl		1%
Melasse		1%
Erbsen	10%	10%
Mais		10%
Weizen	54%	40%

Tabelle 4: 95% Bio-Rationen

verbleiben. Dennoch werden sich die meisten Mischfutterhersteller für den Maiskleber als konventionellen Be- standteil entscheiden, weil er zusätzlich eine dotterfärbende Wirkung ins Futter bringt.

Exkurs: Getreide als Proteinlieferant

Der Eiweißgehalt von Bio-Futterweizen kann zwischen 9 und 14% schwanken. Mit hohen Proteingehalten verbinden sich oft große Hoffnungen der Landwirte, nun die teuren Zukaufkomponenten runterzufahren zu können. Hier einige Beispiele von gleichwertigen Rationen mit unterschiedlichen Getreidequalitäten.

Protein im Weizen	9%	11%	13%
Maiskleber	11%	10%	9%
Sojabohnen	8%	8%	8%
Erbsen	8%	7%	6%
Bohnen	8%	8%	8%
Mineralstoffe	10%	10%	10%
Grünmehl	4%	3%	2%
Sonnenblumenöl	1%	1%	1%
Weizen	50%	53%	56%

Die Verschiebung bei den teuren Komponenten Maiskleber und Sojabohnen ist unwesentlich. Zusätzlich sinkt bei steigendem Proteingehalt von Getreide i. d. R. der Energiegehalt, so dass billiges Grünmehl aus der Ration verdrängt wird. Insbesondere der finanzielle Aspekt von hohen Eiweißgehalten beim Getreide ist gering, dazu entspricht die Proteinzusammensetzung zu wenig den Anforderungen des Geflügels. Letztlich entscheidend für den Austauschwert des Getreideproteins ist die Verfügbarkeit, Qualität und der Preis von hochwertigen Bio-Eiweißkomponenten.
Vergleichsrechnungen bei Körnermais oder Triticale sehen geringfügig besser aus, dafür ist die Schwankungsbreite geringer als beim Weizen.

6.1.4 Legerationen in kombinierten Fütterungssystemen

Wird mehr als 10% Beifutter gegeben, muss das Mischfutter so eingestellt werden, dass in der gesamten Tagesaufnahme die gleiche Nährstoffkonzentration erreicht wird wie im Alleinfutter. Soll z. B. 25% des Futters als Körnergabe im Scharraum verabreicht werden, wird in der Futterkette ein entsprechender Ergänzer gefüttert – mit höheren Rohproteinn- und Mineralstoffgehalten. Über Veränderung der Körnergabe ist eine Anpassung der Ration an die Herdenleistung möglich, z. B.:

- in kalten Monaten mehr Körner = mehr Energie
- in warmen Monaten weniger Körner = mehr Protein
- zu Beginn der Legephase weniger Körner = mehr Protein
- zum Ende der Legephase mehr Körner, Gerste statt Weizen einstreuen = weniger Protein und weniger Energie.

Gegebenenfalls muss mit Muschelschalen beim Mineralstoffangebot nachgebessert werden, wenn der Anteil des Ergänzers reduziert wird.

Bei *vollständiger Breifütterung* wird die Rationsgestaltung noch mehr in die Verantwortung des Landwirtes gelegt. Wieweit Energie- und Proteingehalt reduziert werden können, muss mit der jeweiligen Herde ausprobiert werden. Eine Reduktion auf unter 10 MJ-ME pro kg lufttrockenem Futter dürfte in jedem Fall möglich sein, auf unter 9 MJ-ME in den meisten Fällen auch – das zeigen uns die Versuche mit 100% Bio-Futter. Wichtig bleibt, dass das Verhältnis von Energie zu Aminosäuren und Mineralstoffen nicht aus den Fugen gerät.

Die Grenze für die Absenkung der Nährstoffkonzentration ist physiologisch dann erreicht, wenn die Tiere die maximale Volumenausdehnung ihres Magen-Darm-Traktes zur Nährstoffversorgung ausgeschöpft haben. Diese steht dann im Gleichgewicht zu ihrer Leistung. Ökonomisch betrachtet ist die Grenze der Absenkung dann erreicht, wenn die Futterkosten pro Ei aufgrund der höheren Futteraufnahme die Kosten einer anderen (energetisch höheren) Mischung bei gleicher Leistung überschreiten.

6.1.5 Mineralstoff-, Spurenelement und Vitaminbedarf

Die Mengenelemente Kalzium, Phosphor und Natrium sowie die Vitamine A und D erscheinen auf dem Deklarationszettel eines Mischfutters, der Rest bleibt ein Geheimnis des Mischfutterherstellers. Hier verstecken sich manche Unterschiede zwischen ansonsten scheinbar gleichwertigen Futtermitteln.

Selbstmischer können die eingesetzte Supplementierung auswählen. Zunächst sind etwa 8% körniger Futterkalk (1 bis 2 mm) nötig, um den Kalziumgehalt von 3,4% im Komplettfutter zu erzielen. Darüber hinaus wird nachfolgend eine Empfehlung gegeben, wie ein übliches Bio-Legefutter mit einer Mineralstoff- und Vitaminvormischung zu ergänzen ist. Die angegebenen Werte beziehen sich auf das fertige Futter, sind also z. B. bei einem 2,5%igen Mineralfutter mit 40 zu multiplizieren, um den notwendigen Gehalt im Mineralstoff zu errechnen.

Phosphor	als MCP 0,25%
Natrium	0,17%
Magnesium	0,02%
Chlor	0,12%
	maximal 0,15%
Vitamin A	5.000 IE
Vitamin D	1.000 IE
Vitamin E	60 mg
Vitamin B₁	1 mg
Vitamin B₂	3 mg
Vitamin B₁₂	0,015 mg
Vitamin K	1,5 mg
Cholinchlorid	500 mg
Nicotinamid	30 mg
Ca-Pantothenat	10 mg
Folsäure	1 mg
Biotin	0,05 mg
Eisen	40 mg
Kupfer	10 mg
Mangan	70 mg
Zink	100 mg
Jod	0,4 mg
Kobald	0,4 mg
Selen	0,35 mg

Tabelle 5: Spurenelemente und Vitaminbedarf

Auf einige Werte, die von üblichen Mineralfuttern oder konventionellen Empfehlungen abweichen, soll nachfolgend eingegangen werden:
Die notwendige *Phosphorergänzung* hängt auch von der Verfügbarkeit der eingesetzten Phosphorverbindung ab. Am besten ist Monocalziumphosphat (MCP) verfügbar.
Der *Natriumgehalt* ist höher als üblich gewählt, weil damit Federpicken reduziert wird und weil Bio-Getreide im Durchschnitt weniger Natrium enthält als koventionelles.
Der *Chlorgehalt* sollte immer deutlich unter dem Natriumgehalt liegen, weil zu viel Chlor die Tiere nervös macht. Oftmals ist er nicht deklariert und sollte dann unbedingt erfragt werden. Der *Vitamin-E-Gehalt* ist deutlich über den Bedarf der Tiere erhöht, weil das für die Eiqualität und Haltbarkeit entscheidend ist.
Der *Vitamin-B₁₂-Gehalt* liegt um 50% über allen Empfehlungen, weil damit die Futterwertung von knappen Aminosäuren verbessert werden kann.
Der Bedarf an *Cholinchlorid* liegt um 100% über vielen Empfehlungen, weil Cholinchlorid in manchen Stoffwechselprozessen die knappe Aminosäure Methionin ersetzen kann. Wesentlich höher als hier angegeben sollte man aber auch nicht dosieren, weil das wiederum die Futteraufnahme senken kann.
Auf die Ergänzung von *Jod* kann nur in Rationen verzichtet werden, die auf küstennah gewachsenem Getreide

basieren (mit natürlicherweise hohem Jodgehalt). Mangelnde Jodsupplementierung im Binnenland kann zu Schilddrüsenerkrankungen führen.

6.2 Junghennenfütterung

Eine gute Junghenne ist der halbe Erfolg. Sie soll Widrigkeiten von Haltung, Witterung und Infektionen kompensieren können, zudem freilauftauglich sein. Ziel der Bio-Junghennenfütterung sind ein leicht über der Züchternorm liegendes Körpergewicht und hohes Futteraufnahmevermögen. Dies ist umso wichtiger, je leichter die Herkunft ist. So sollten bei den Zuchtprodukten 2004 z. B. Tetra Brown, Lohmann Silver oder Lohmann Tradition noch leicht übergewichtig sein, eine Tetra Silver hingegen nicht mehr. Um das zu erreichen, müssen in der Aufzucht folgende Punkte beachtet werden:

- gleichmäßiges Herdenwachstum
- gute Körperausbildung in Woche 1 bis 6
- ungestörtes Federwachstum
- langsames Wachstum in Woche 10 bis 18
- Ausbilden eines hohen Magenvolumens in Woche 10 bis 18
- Anfütterung zum Legebeginn in Woche 18 bis 22
- Legebeginn in der 22. Lebenswoche.

Deshalb werden, wie konventionell auch, 4 Fütterungsphasen unterschieden:

Phase 1: 1. bis 6. Woche
Kükenstarter
11 bis 11,5 MJ-Me
0,36 bis 0,38 % Methionin
0,8 bis 0,9 % Lysin
4 bis 5 % Rohfaser

Bei der Auswahl der Komponenten sollte penibel vorgegangen werden. Mycotoxine, unzureichende Vitaminierung oder ungeeignete Rohfaserträger führen leicht zu einem Auseinanderwachsen der Herde, welches später nicht mehr ausgeglichen werden kann. Praxisversuche in Westfalen und der Versuchsstation Neu-Ulrichstein zeigen, dass höhere Energie- und Proteinversorgungen zu übergewichtigen Küken führen, die später nur mit Mühe zum Legen gebracht werden können (wer mästet, erntet Fleisch, keine Eier).
Bei den im Bio-Landbau üblichen feinkörnigen Eiweißträgern konventioneller Herkunft ist eine Pelletierung oder Krümelung des Kükenfutters angezeigt, damit jeglicher Entmischung ein Riegel vorgeschoben wird. Ebenfalls gute Erfahrungen bezüglich Entmischungsgefahr wurden mit gleichmäßig-mehlförmigen 100 % Bio-Mischungen auf der Basis von Ölkuchen gemacht.
Konventionell wird oftmals in den ersten 2 Lebenswochen ein besonderes Kükenfutter für die ersten Lebenstage vorgelegt. Das hat sich als nicht notwendig erwiesen, sofern die Qualität der eingestallten Küken gut ist, d. h. der Dottersack als Nahrungs-

grundlage zur Stalleingewöhnung und nicht als Transportverpflegung genutzt wird.

Phase 2: 7. bis 11. Woche
Übergangsfütterung

Das Futter sollte vom Nährstoffgehalt her zwischen dem Kükenstarter und dem folgenden Junghennenfutter liegen. Auch die Struktur ist sukzessive anzupassen.

In enger Abstimmung zwischen Futtermittelhersteller und Aufzüchter muss Beginn und Länge dieser Phase bestimmt werden. Werden die Sollgewichte erreicht, kann ab der 6. Woche damit begonnen werden, manchmal aber erst ab der 8. Woche. Das Ende liegt zwischen der 10. und 11. Woche. Die Terminierung der Übergangsfütterung ist eine wichtige Steuerungsmöglichkeit für das Endgewicht mit 18 Wochen.

Phase 3: 12. bis 18. Woche
Junghennenfutter

11 MJ-ME
0,3 % Methionin
0,7 % Lysin
6 % Rohfaser

Das Junghennenfutter soll den Energie- und Proteingehalt des späteren Legehennenfutters nicht übersteigen. Andernfalls bekommt man schöne Hennen, die aber wenig Lust zum Eierlegen haben. In dieser Phase muss ein hohes Magenvolumen aufgebaut werden, d. h. voluminöse Komponenten wie Kleien, Trockenschnitzel oder

schalenreiche Ölkuchen werden ausgewählt. Dabei ist auf den Mycotoxingehalt zu achten, weil sich Mycotoxine in den Schalen konzentrieren. Zur Anpassung an die Bedingungen im Legehennenstall ist mit einer regelmäßigen Körnerbeifütterung spätestens in dieser Phase zu beginnen.

Phase 4: 18. Woche bis Legebeginn (10 % Legeleistung)
Vorlegemehl

Das Vorlegemehl schafft den Übergang zum Legehennenfutter. Insbesondere der Kalziumgehalt wird schrittweise angepasst. Es bleibt strittig, ob diese spezielle Fütterungsphase notwendig ist, weil sie i. d. R. im Legehennenbetrieb stattfindet und dort auf organisatorische Schwierigkeiten stößt. In größeren Herden sollte jedoch nicht darauf verzichtet werden. Denn bei vollem Kalziumgehalt eines Legefutters reduzieren die noch nicht legenden Tiere ihre Futteraufnahme, und das zu einem Zeitpunkt, an dem sie gerade umgestallt werden. Der folgende Entwicklungsknick kann einen schleppenden und bis zu zwei Wochen verzögerten Legebeginn auslösen, vor allem bei Sommer- und Herbstaufstallung.

Futterverbrauch

Man könnte auf den Gedanken kommen, dass der Futterverbrauch einer solchen Junghennenfütterung über den konventionellen Sollkurven liegt. Das Gegenteil ist der Fall, es sind Minderverbräuche von bis zu 8 % bei höherem Endgewicht bekannt, im schlechtesten Fall Verbräuche in Höhe der Sollkurven.

Kombinierte Fütterung bei Eigenaufzucht

Wer kleinere Partien Junghennen selber aufziehen will, kommt schnell in Schwierigkeiten mit den Fütterungsphasen. Man kann sich helfen, indem nur ein Kükenstarter beschafft wird, etwa 4 kg pro Junghenne. Der wird dann ab der 8. Woche zunehmend mit Getreide ergänzt. Ernährungsphysiologisch passen Gerste und Hafer am besten als Ergänzung. Die muss man den Tieren allerdings schmackhaft machen. Anfeuchten hilft oder die strikte Begrenzung des Angebotes an

Kükenstarter. Ab der 18. Woche kann dann langsam auf Legefutter umgestellt werden.

Fütterung bei fehlender Lichtsteuerung

Die vorgestellten Fütterungsabschnitte passen zur üblichen Junghennenaufzucht mit geregelter Lichtdauer bis zum Ausstallen. Wer die Lichtstunden pro Tag nicht regeln kann, kann auch den Legebeginn nicht exakt regulieren. Die Fütterungsphasen müssen dann dem erwarteten Legebeginn angepasst werden:
Winteraufstallungen (Dezember bis März) legen i. d. R. mit der 18. Woche und müssen bis dahin ihr Sollgewicht erreicht haben. Man füttert den Kükenstarter mindestens bis zur 10.

	Junghennenfutter 8. bis 18.Woche 100% bio	Junhhennenfutter 8. bis 18.Woche 7% konventionell	Vorlegemehl 18. bis 20.Woche 10% konventionell
Maiskleber, konventionell		7%	10%
Sojabohnen		4%	9%
SB-Kuchen, 26% RP	20%		
Sojakuchen	10%		
Rapskuchen		5%	
Mineralstoffe	2%	2%	2%
Futterkalk, fein	2%	2%	
Futterkalk, grob			4%
Sonnenblumenöl	0,5%	1%	1%
Grünmehl	5%	5%	5%
Weizenkleie		10%	5%
Erbsen		7%	8%
Bohnen		7%	8%
Gerste	10%	10%	5%
Weizen	50%	40%	43%

Tabelle 6: Beispielrationen für Selbstmischer

Woche, um das Zielgewicht früher zu erreichen. Den Tieren muss von Dezember bis Februar eine Zusatzbeleuchtung angeboten werden, damit die Zeit der Futteraufnahme lang genug ist.

Sommeraufstallungen (April bis Mitte August) sind ohne Lichtregelung nicht zu empfehlen, die Tiere kommen nur träge ins Legen.

Herbstaufstallungen ab (Mitte August bis Oktober) können nach dem oben erklärtem Schema gefüttert werden, der Tageslicht-Rhythmus passt gut zum Entwicklungsrhythmus der Tiere.

Beispielrationen für Selbstmischer

Das Kükenfutter wird sinnvoll als Komplettfutter bezogen. Eine genaue Einstellung und Supplementierung mit Vitaminen und Probiotika ist nur im Mischfutterwerk möglich. Die folgenden Rationen sind bewusst einfach gehalten und betreffen die Fütterung ab der 8. Woche.

Bedarf an Mineralstoffen, Spurenelementen und Vitaminen

Junge Hühnerküken sollten wie Masthähnchenküken versorgt werden (siehe dazu Kapitel 6.3). Ab der 6. Lebenswoche kann dann ein sukzessiver Übergang zu einer Supplementierung ausgeführt werden, wie sie für Legehennen empfohlen wird (siehe dazu Kapitel 6.1.5).

6.3 Mastgeflügel
Prof. Gerhard Bellof/
Dr. Rainer Timmler

Im Vergleich zur Legehennen- und Junghennenfütterung kommt es bei der Geflügelmast darauf an, innerhalb eines kürzeren Zeitraums einen möglichst effizienten Körpermassezuwachs zu erreichen. Der Fütterung der Küken ist größtes Augenmerk zu widmen. Eine misslungene Küken- oder Jungtierentwicklung ist nicht mehr aufzuholen.

Masthühnchen
Foto: Christoph Ziechaus

6.3.1 Masthühner
6.3.1.1 Richtwerte zur Versorgung mit Nährstoffen und Energie sowie Mineral- und Wirkstoffen

Grundlegende Aspekte
In der ökologischen Hühnermast werden überwiegend s. g. „langsam

wachsende" Herkünfte (Genotypen) eingesetzt. Diese werden meist in einem Zeitraum von 8 bis 12 Wochen auf Endgewichte von 2 bis 2,5 kg Schlachtgewicht gemästet. In der Abbildung 1 ist der Wachstumsverlauf für zwei typische Genotypen (weibliche und männliche Tiere) unter den Bedingungen einer ökologischen Fütterung dargestellt.

Das Wachstumspotenzial solcher Herkünfte liegt zwischen 36 und 40 g Tageszunahmen in der 8-wöchigen Mast. Soll das Potenzial ausgeschöpft und ein vollfleischiger Schlachtkörper (hoher Brust- und Schenkelanteil) mit moderatem Fettansatz angestrebt werden, muss eine entsprechend angepasste Nährstoff- und Energieversorgung beachtet werden. Bei langsam wachsenden Herkünften liegt der Bedarf für die Erhaltung und Leistung – bei gleichem Alter – niedriger als bei s. g. „schnell wachsenden" Herkünften, die in der konventionellen Produktion vorherrschen. Eine „verhaltene" Fütterung letzterer Herkünfte führt nicht zu den Ergebnissen, wie sie die langsam wachsenden Herkünfte erreichen.

Energiebedarf
Für langsam wachsende Herkünfte liegen bislang keine exakt abgeleiteten Bedarfszahlen für den Energie- und Nährstoffbedarf vor. Die nachfolgend dargestellten Richtwerte für diese Herkünfte sind daher als vorläufig einzuschätzen. In Tabelle 7

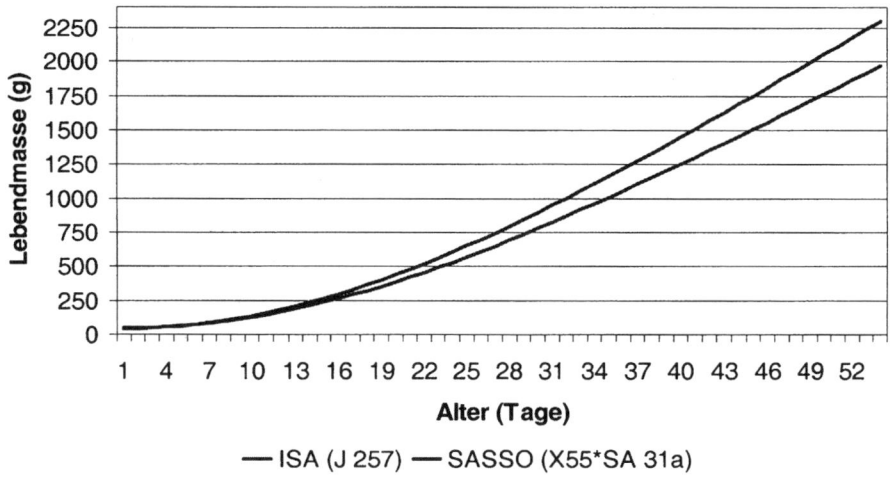

Abbildung: Lebendmasseentwicklung unterschiedlicher genetischer Herkünfte („langsam wachsend"). Quelle: Beer 2003

sind die Richtwerte für den Energiegehalt von Mastmischungen für die Hähnchenmast dargestellt.

Zur Deckung des Energiebedarfes müssen im Futter bestimmte Energiekonzentrationen vorhanden sein, damit über die aufgenommene Futtermenge der entsprechende Energiebedarf gedeckt werden kann. Die Futteraufnahme der Tiere ist weitgehend von dem Energiegehalt des Futters

abhängig. Bei Broilern führt ein steigender Energiegehalt (bei konstantem Energie-Protein-Verhältnis) zu erhöhten Endgewichten und verminderter Futteraufnahme, d. h. im Endergebnis zu verbesserter Futterverwertung.

Bedarf an Protein und Aminosäuren
Zur Deckung des Rohproteinbedarfes muss, wie beim Energiebedarf, mit dem Futter die benötigte Rohproteinmenge aufgenommen werden. Dazu

Mastphase	Umsetzbare Energie (AME$_N$ [MJ]*)	
	„langsam wachsende" Herkunft	„schnell wachsende" Herkunft
Anfangsmast	12,0 bis 12,5[1] 11,2 bis 12,0[2]	13,4[3] 12,5[4]
Mittel- und Endmast	12,0 bis 12,5[1] 11,6 bis 12,4[2]	12,6[3] bis 13,4 13,4[4]

* AME$_N$ = scheinbare Umsetzbare Energie, N-korrigiert
Quellen: 1) Zollitsch et al. (2002); 2) Bellof et al. (2005); 3) Leclercq (1984), verlängerte Mast mit 7 bis 8 Wochen; 4) GfE (1999)

Tabelle 7: Richtwerte für den Energiegehalt von Mastmischungen für die Mast von Hühnern

sind in der Futtermischung bestimmte Mindestgehalte an Rohprotein einzuhalten. In der Geflügelfütterung steht allerdings die Versorgung mit den essenziellen Aminosäuren AS im Vordergrund. In der ökologischen Geflügelfütterung kommt es meist zu höheren Proteingehalten in den Futtermischungen bzw. Rationen, da keine Ergänzung mit synthetischen Aminosäuren erlaubt ist.

Für schnell wachsende Herkünfte liegen Empfehlungen für die Versorgung mit essenziellen Aminosäuren vor. In Tabelle 8 ist der Bedarf für diese wichtigsten Aminosäuren auf der Bezugsbasis g AS/MJ AME_N dargestellt.

Die dort angegebenen Werte zeigen, dass die notwendige Konzentration im Futter mit zunehmendem Alter verringert werden kann. Daraus ergibt sich die Notwendigkeit einer auf Altersphasen bezogenen Fütterung. Die Angaben in Tabelle 8 verdeutlichen weiter, dass Energie- und Aminosäurenbedarf in einem festen Verhältnis zueinander stehen. Wird in einer Futtermischung für die Anfangsmast der Energiegehalt von 13,4 MJ AME_N/kg auf 12,0 MJ AME_N/kg (Tabelle 7) verringert, kann auch der Lysingehalt von 11,4 g/kg auf 10,2 g/kg zurückgenommen werden. Da die Futteraufnahme energieabhängig erfolgt, bleibt die tägliche Aufnahme an Aminosäuren konstant. In der ökologischen Geflügelfütterung ist die Bereitstellung von Futtermitteln mit ausreichend hohen Gehalten an essenziellen Aminosäuren – insbesondere Methionin und Lysin – problematisch. Somit stellt die Absenkung des Energiegehaltes in der Futtermischung eine sinnvolle Möglichkeit dar, auch mit geringeren AS-Gehalten in der Mischung eine bedarfsgerechte Versorgung sicherzustellen. Bedeutsam ist aber, dass das in der Tabelle 8 dokumentierte Verhältnis der wichtigsten Aminosäuren zueinander beachtet wird.

Aufgrund des geringeren Wachstumspotenzials langsam wachsender

Aminosäure	Zeitspanne (Woche)		
	0 bis 3	3 bis 6	6 bis 9
Lysin	0,85	0,72	0,60
Methionin	0,31	0,27	0,24
Methionin + Cystin	0,59	0,62	0,57
Threonin	0,57	0,55	0,50
Tryptophan	0,13	0,12	0,10

Quelle: GfE (1999), verändert

Tabelle 8: Empfehlungen zur Versorgung von Masthühnern (schnell wachsende Herkünfte) mit essentiellen Aminosäuren (g/MJ AME_N)

Broilerherkünfte kann für diese das Versorgungsniveau um etwa 10% abgesenkt werden. In den an der FH Weihenstephan durchgeführten Untersuchungen erzielten Tiere der Herkunft ISA J 257 bei entsprechend abgesenkten Lysin- und Methioninwerten Tageszunahmen von 38 g in der 8-wöchigen Mastperiode.

Mineral- und Wirkstoffe

Die Versorgung der Tiere mit Mineral- und Wirkstoffen erfolgt zu einem geringen Teil aus den originären Komponenten. Der überwiegende Teil wird durch Vormischungen der Vorlieferanten abgedeckt, die abgestufte Konzentrate anbieten.

Der Mineralstoffgehalt im Mastfutter ist in Abhängigkeit vom Energiegehalt des Futters, von der Futteraufnahme der Tiere sowie der Futter-

verwertung einzustellen. In Tabelle 9 sind Empfehlungen zur Mengenelement- und in Tabelle 10 zur Spurenelementkonzentration in Futtermischungen für Masthühner angegeben. Für die ausreichende Versorgung der Masthähnchen mit den Mengenelementen Ca, P, Na und Cl müssen Futtermischungen im Normalfall mit diesen Mineralstoffen ergänzt werden. Bei einer Unterversorgung mit diesen Elementen treten spezifische Mangelsymptome auf. Eine Magnesium- und Kaliumergänzung ist nicht erforderlich. Auch Schwefel liegt in ausreichender Menge vor, sofern die Versorgung mit schwefelhaltigen Aminosäuren angemessen ist.

Wie bei den Mengen- und Spurenelementen verursacht eine unzureichende Vitaminversorgung spezifische

Abschnitt	Kalzium (Ca)	Phosphor (NPP*)	Magnesium (Mg)	Natrium (Na)	Chlor (Cl)	Kalium (K)
Anfangsmast	9,70[1]	5,85	0,43	1,25	1,25	2,70
	10,00[2]	5,20	0,45	1,45	1,35	2,00
	10,00[3]	4,50	-	1,50	-	-
	10,00[4]	4,50	0,60	2,00	2,00	0,30
Endmast	7,50[1]	4,83	0,33	0,97	0,97	2,08
	8,17[2]	4,03**	0,45	1,33	1,23	2,00
	8,50[3]	4,00	-	1,50	-	-
	8,87[4]	3,33	0,60	1,40	1,40	0,30

* NPP = Nicht-Phytin-Phosphor; ** verdaulicher Phosphor

Quellen: 1) berechnet nach GfE (1999) (13,0 ME AME_N/kg); 2) berechnet nach WPSA-Empfehlungen (13,3 MJ ME/kg Futter); 3) berechnet nach ZOLLITSCH (2002) (12,0 bis 12,5 MJ ME/kg Futter); 4) berechnet nach NRC (1994)

Tabelle 9: Empfehlungen zur Ausstattung von Futtermischungen für Masthühner mit Mengenelementen (in g/kg)

Eisen (Fe)	Kupfer (Cu)	Zink (Zn)	Mangan (Mn)	Jod (J)	Selen (Se)
100[1]	7	50	60	0,50	0,15

Quelle: 1) GfE (1999)

Tabelle 10: Empfehlungen zur Versorgung von Masthühnern mit Spurenelementen (mg/kg Futtertrockenmasse)

Mangelsymptome. Für Masthühner sollte eine Ergänzung des Futters mit allen fettlöslichen sowie den meisten wasserlöslichen Vitaminen erfolgen. In Tabelle 11 sind die Empfehlungen aufgeführt.

Vitamin	Gehalt
Vitamin A (IE)	2.500
Vitamin D_3 (IE)	450
Vitamin E (mg)[1]	60
Vitamin K_3 (mg)	0,6
Thiamin (mg)	2,8
Riboflavin (mg)	3,0
Niacin (mg)	40[2] / 33[3]
Vitamin B_6 (mg)	3,3
Pantothensäure (mg)	9,0
Vitamin B_{12} (mg)	0,02
Biotin (mg)[4]	0,17
Folsäure (mg)	0,55
Cholin (mg)	1.300

1) Aus Gründen der Schlachtkörperqualität.
2) 0 bis 3 Wochen
3) 3 bis 6 Wochen
4) verfügbares Biotin
Quelle: GfE (1999), verändert

Tabelle 11: Empfehlungen zur Versorgung von Masthühnern mit Vitaminen (Angaben bezogen auf ein kg Futtertrockenmasse)

6.3.1.2 Rationsgestaltung

Phasenfütterung

Die sich verändernden Nährstoffansprüche und die sich erst entwickelnde Fähigkeit, bestimmte Nährstofffraktionen verdauen zu können, erfordern den Einsatz unterschiedlich zusammengesetzter Futtermischungen. In den ersten Tagen erfolgt die Umstellung von der Dottersack-Ernährung auf das Futter, der Federwechsel beginnt und die Sekretion bestimmter Verdauungsenzyme entwickelt sich langsam. Darüber hinaus steigt mit zunehmendem Alter die Futteraufnahmekapazität ebenso an wie die Fähigkeit größere Futterpartikel aufzunehmen.

Langsam wachsende Herkünfte benötigen 8 bis 12 Wochen bis sie ihr Zielgewicht erreicht haben. Ab der 6. bis 7. Woche ist die Entwicklung des Jugendgefieders abgeschlossen und der Magen-Darm-Kanal fast vollständig ausgebildet. Die Thermoregulation funktioniert, der Erhaltungsbedarf an Energie steigt, während der Fleischzuwachs ab der 5. bis 6. Woche bereits zurückgeht. Somit kann das Energie-Protein-Verhältnis erweitert werden. Durch die Phasenfütterung erfolgt eine gezielte Anpassung an den Energie- und Proteinbedarf der Broiler. Da-

Phase I Anfangsmast 0 bis 4 Wochen	Phase II Mittelmast (Endmast) 5 bis 8 Wochen	Phase III Endmast 9 bis 10 (12) Wochen
• Futterstruktur: in der 1. Woche gekrümelt, anschließend pelletiert (2 mm)	• Futterstruktur: pelletiert (3 mm), ganze Getreidekörner	• Futterstruktur: pelletiert (3 mm), ganze Getreidekörner
• niedrige bis mittlere Energiegehalte	• mittlere Energiegehalte	• mittlere Energiegehalte
• hohe Gehalte an hoch verdaulichen Eiweißkomponenten (hohe Gehalte an Methionin und Lysin)	• Reduktion der Rohproteingehalte (und essenziellen Aminosäuren)	• weitere Reduktion der Rohproteingehalte
• hohe Mineralisierung und Vitaminisierung	• Absenkung von Mineralstoff- und Vitamingehalten	• weitere Absenkung von Mineralstoff- und Vitamingehalten
		• Durchführung einer kombinierten Fütterung

Tabelle 12: Phasenfütterung in der ökologischen Hühnermast – Eigenschaften der eingesetzten Futtermischungen

durch wird eine Überversorgung mit Rohprotein und damit eine Belastung von Tier und Umwelt durch überhöhte Stickstoffausscheidungen vermieden. Je nach Mastdauer und betrieblichen Gegebenheiten sollten in der ökologischen Hühnermast 2 bis 3 verschiedene Futtermischungen zum Einsatz kommen. In der Tabelle 12 sind Vorschläge für eine zeitliche Unterteilung der ökologischen Mast (Phasenfütterung) aufgezeigt.

Mit zunehmendem Alter entwickeln sich die Geschlechter auseinander. In einem geschlechtsgetrennt durchgeführten Mastversuch an der FH Weihenstephan wogen weibliche Tiere der Herkunft ISA J 257 nach vier Wochen 752 g; die männlichen Tiere erreichten 843 g (+ 91 g). Nach acht Wochen betrug der Gewichtsunterschied bereits 416 g zugunsten der Hähne. Weibliche Tiere zeigten zudem einen höheren Fettansatz. Eine geschlechtsgetrennte Mast ist insbesondere bei langer Mastdauer bzw. hohen Endgewichten sinnvoll. Zumindest sollten weibliche Tiere früher als die männlichen Stallgefährten geschlachtet werden.

Praktische Rationsgestaltung

Nachfolgend werden Rationsbeispiele für die Hühnermast vorgestellt. Die erstellten Futtermischungen sind als Alleinfuttermischungen konzipiert. Die Nährstofflieferung aus dem zusätzlichen Angebot von Raufutter kann vernachlässigt werden. Die in Tabelle 13 aufgeführten Mischungen wurden in Fütterungsversuchen an der FH Weihenstephan bereits mit Erfolg eingesetzt.

Futtermittel		Phase I (Anfangsmast)		Phase II (Mittelmast / Endmast)			
		A	B	C	D	E	F
Maiskleber	%	2,0	–	2,0	–	–	–
Erbsen	%	10,0	12,0	14,0	14,0	10,0	12,0
Sojabohnen	%	10,0	–	15,0	12,0	–	–
Sojakuchen	%	13,0	15,0	–	–	13,3	10,0
Sonnenblumenkuchen[1]	%	6,0	9,0	7,0	5,0	4,0	3,0
Leinkuchen	%	5,0	7,0	5,0	4,0	4,0	3,0
Weizen	%	18,0	14,0	21,0	23,0	21,0	20,0
Gerste	%	10,3	14,0	11,2	15,2	15,0	20,0
Mais	%	21,0	18,0	19,0	21,0	19,0	18,0
Hafer	%	–	7,5	–	–	10,0	10,3
Sonnenblumenöl	%	1,0	–	2,0	2,0	–	–
Kohlensaurer Kalk	%	1,5	1,5	1,5	1,5	1,5	1,5
Mineralstoffmischung	%	2,2	2,0	2,3	2,3	2,2	2,2
AME_N	MJ/kg	12,0	11,0	12,4	12,4	11,2	11,2
Rohprotein	%	19,8	18,4	17,6	15,3	16,0	15,0
Lysin	%	1,02	0,94	0,89	0,80	0,81	0,74
Methionin	%	0,39	0,36	0,35	0,31	0,32	0,29
Meth. + Cystin	%	0,75	0,66	0,78	0,69	0,59	0,56
Kalzium	%	0,95	0,93	0,93	0,92	0,93	0,92
Phosphor	%	0,76	0,73	0,73	0,71	0,73	0,71
Natrium	%	0,10	0,10	0,13	0,13	0,10	0,10
Rohfaser	%	5,4	7,0	5,6	5,0	5,8	5,6

1) teilentschält.

Tabelle 13: Futtermmischungen für die ökologische Hühnermast

Die Mischungen sind unter Beachtung der „100 % Bio-Futter-Regelung" zusammengestellt worden. So wurde auf den Einsatz von Kartoffeleiweiß und Bierhefe gänzlich verzichtet; Maiskleber wurde nur in 2 Mischungen mit geringen Anteilen eingesetzt. Der Verzicht auf diese hochwertigen Eiweißträger erfordert allerdings den Einsatz von Eiweißfuttermitteln mit vergleichsweise geringen Gehalten an essenziellen Aminosäuren. Zur Sicherstellung einer Mindestversorgung mit diesen Aminosäuren sind somit erhöh-te Mischungsanteile für diese Komponenten erforderlich, was wiederum den Getreideanteil vermindert. In den Mischungen C und D ist der geforderte Mindestanteil von 65 % Getreide in der Endmast nicht realisiert worden. Falls mit diesen Mischungen die Endmast (5. bis 8. Woche) durchgeführt werden soll, ist eine Ergänzung mit Getreide (vorzugsweise Weizen) in der letzten Mastwoche (Futtermischung : Getreide = 2 : 1) vorzusehen.

Die Mischungen weisen, wie unter 6.3.1.1 begründet, niedrige AME_N-

Gehalte auf. Bei öko-konformen Mischungen, die einen AME_N-Gehalt von weniger als 12,0 MJ/kg aufweisen sollen, wird dies durch den Einsatz von Gerste und Hafer möglich (Tabelle 13). Es muss allerdings darauf hingewiesen werden, dass diese Getreidearten, ebenso wie Weizen, Roggen und Triticale, erhöhte Gehaltswerte an Nicht-Stärke-Polysacchariden (NSP) aufweisen können (beachtliche Sortenunterschiede). Diese für das Geflügel unverdaulichen Kohlenhydrate können insbesondere in den ersten Lebenswochen eine veränderte, schleimige Kotkonsistenz und somit eine feuchtere Einstreu verursachen.

Die in den Mischungen eingesetzten Sojabohnen sowie Kuchen aus Ölsaaten weisen erhöhte Fettgehalte auf. Bei diesen Fetten ist der Anteil ungesättigter Fettsäuren zu beachten, welche zu einem weichen Fett im Schlachtkörper führen.

In der 8-wöchigen Mast werden für die genannten Mischungsbeispiele in der Anfangsmast (4 Wochen) zwischen 1,3 und 1,4 kg Futter pro Tier verbraucht. In der Endmast liegt der Verbrauch zwischen 3,6 und 3,9 kg Futter pro Tier. Hierbei ist zu beachten, dass der jeweils höhere Zahlenwert für die Mischungen mit niedrigem AME_N-Gehalt zutrifft.

Bei Durchführung einer verlängerten Mast (10 bzw. 12 Wochen) sollte die Phase III in Form einer kombinierten Fütterung erfolgen. Hierbei kann die Mischung C (Tabelle 13) mit Weizen im Verhältnis 1:1 angeboten werden.

Puten
Foto: Christoph Ziechaus

6.3.2 Mastputen
6.3.2.1 Richtwerte zur Versorgung mit Nährstoffen und Energie sowie Mineral- und Wirkstoffen

Grundlegende Aspekte

Für die Putenmast werden in Deutschland sowohl schwere als auch mittelschwere und leichte Herkünfte verwendet. In Abhängigkeit von der verwendeten Herkunft, ergeben sich unterschiedliche Nährstoffansprüche, wobei bisher nur für die schweren Typen (BUT Big 6 und Nicholas) umfangreiches Datenmaterial vorliegt, auf dessen Grundlage eine fundierte Fütterungsempfehlung gegeben werden kann. Einschränkend muss allerdings erwähnt werden, dass dieses Datenmaterial überwiegend aus Untersuchungen unter konventionellen Bedingungen stammt.

In der Abbildung 2 wird die Lebendmasseentwicklung einer schnell wachsenden Herkunft (Big 6) der einer langsam wachsenden Herkunft (Kelly) unter ökologischen Bedingungen gegenübergestellt. Auch unter restriktiven Fütterungsbedingungen erreichte die Herkunft Big 6 in 22 Wochen ein höheres Endgewicht als die Bronzeputen. Innerhalb der Herkünfte waren die Hähne den Hennen überlegen. Die Konformation und der Brustmuskelanteil von langsam und schnell wachsenden Putenherkünften liegt dagegen auf vergleichbarem Niveau.

Das Problem, den Nährstoffbedarf der Tiere zu ermitteln, wird zusätzlich dadurch erschwert, dass auch die Haltungsform einen großen Einfluss ausübt. Welche Aufschläge z. B. bei der Energieversorgung von im Freiland gehaltenen Puten anzuwenden sind, ist zurzeit ungeklärt.

Bedarf an Protein und Aminosäuren sowie Energie

Die bestehenden Fütterungsempfehlungen basieren bisher nur auf den Versorgungsansprüchen der Putenhähne, wobei man dadurch sicher sein kann, auch die Ansprüche der langsamer wachsenden Hennen abzudecken. Bei getrennt geschlechtlicher Haltung ist allerdings von einer Nährstoffüberversorgung der Hennen auszugehen. Strategien zu deren Vermeidung werden unter 6.3.2.2 (Rationsgestaltung) behandelt.

Die Nährstoffansprüche leiten sich in erster Linie von der Tierkörperzusammensetzung ab. Puten weisen, im Unterschied zu Broilern, höhere Gehalte an Protein und niedrigere Gehalte an Fett auf. Aus dieser Tatsache ergeben sich, vor allem zu Mastbeginn, höhere Anforderungen an den Rohprotein- und Aminosäurengehalt des Futters.

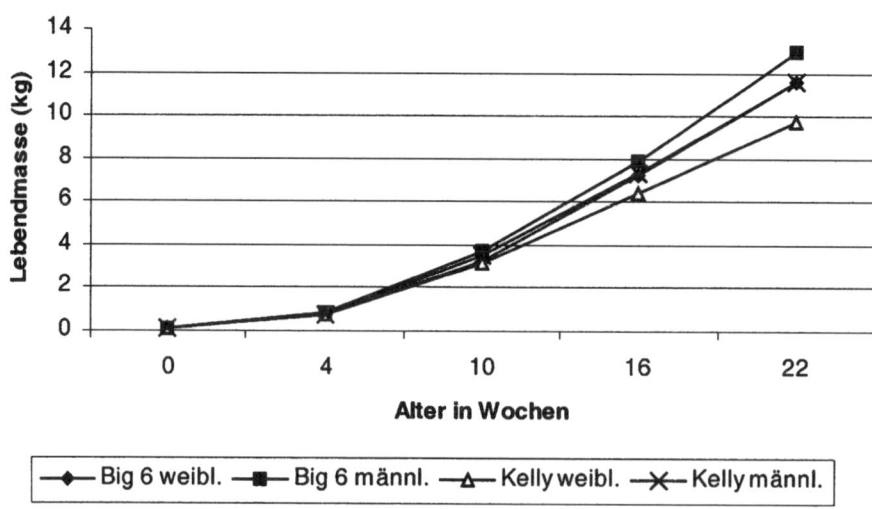

Abbildung: Lebendmasseentwicklung unterschiedlicher genetischer Herkünfte (BUT Big 6 und Kelly BBB) unter Naturland-Bedingungen. Quelle: Damme (1998)

Alter	Rohprotein	Lysin	Methionin	Methionin + Cystin	Threonin	Tryptophan	Energie
Wochen			g/kg Futter				MJ ME/ kg Futter
1 bis 2	290	18,0	5,8	10,5	9,9	2,8	11,5
3 bis 4	260	16,1	5,2	10,1	9,7	2,5	11,5
5 bis 8	230	15,6	4,8	9,0	8,9	2,4	12,0
9 bis 12	210	13,8	4,3	8,1	7,0	2,0	12,5
13 bis 16	180	11,9	3,8	6,9	6,9	1,8	12,5
17 bis 21	140	10,9	2,7	5,8	6,8	1,6	13,0

Quelle: Jeroch (2004)

Tabelle 14: Empfehlungen zur Rohprotein-, Aminosäuren- und Energieversorgung schwerer Mastputen

Bedingt durch die Veränderungen der Wachstumsintensität im Laufe der Mastzeit, aber auch durch das sich ändernde Verhältnis von Protein zu Fett im Zuwachs der Tiere, verändern sich auch die Anforderungen an die Nährstoffgehalte im Futter im Mastverlauf. Ein weiterer Faktor ist das höhere Futteraufnahmevermögen der Tiere mit steigendem Lebensalter. Somit können z. B. die Konzentrationen von Rohprotein und Aminosäuren im Futter sinken. Mit zunehmender Lebendmasse erhöht sich der Bedarf an Energie, da der Anteil der Futterenergie, der für die Erhaltung der körpereigenen Funktionen aufgewendet (Erhaltungsbedarf) werden muss, ansteigt.

Eine besondere Problematik in der Putenfütterung stellt die Absicherung der Protein- und Aminosäurenversorgung in den ersten 5 bis 6 Lebenswochen dar. Tabelle 14 gibt einen Überblick zu den derzeitigen Empfehlungen für schwere Puten der Herkunft BUT Big 6.

Die in der ökologischen Fütterung zur Verfügung stehenden Proteinquellen und die Richtlinien der ökologischen Verbände setzen einer bedarfsgerechten Rationsgestaltung für schwere Herkünfte enge Grenzen. Wie in verschiedenen Untersuchungen gezeigt wurde, können aber auch die mittelschweren bzw. langsam wachsenden Herkünfte nicht immer so versorgt werden, dass diese ihr Leistungspotenzial auszuschöpfen vermögen.

Mineral- und Wirkstoffe

Bei der Mineralstoffversorgung der Mastputen stehen vor allem die Elemente Kalzium und Phosphor im Mittelpunkt. In den letzten Jahren wurde gerade die Phosphorversorgung des Geflügels wissenschaftlich intensiv bearbeitet, um bessere Kenntnisse über den tatsächlichen Bedarf der Tiere in einzelnen Wachstumsphasen zu erlangen, aber auch um die Verfügbarkeit aus anorganischen P-Quellen bzw. aus Futterkomponenten zu ermitteln. Zur Vermeidung negativer Umwelteffekte

Alter	Kalzium (Ca)	Gesamt-P (P)	Magnesium (Mg)	Natrium (Na)	Chlor (Cl)	Kalium (K)
Wochen			g/kg Futter			MJ ME/ kg Futter
1 bis 2	13	10	0,60	1,3	1,4	2,5
3 bis 4	13	10	0,60	1,3	1,4	2,5
5 bis 8	12	9	0,55	1,2	1,4	2,5
9 bis 12	10	7,5	0,50	1,1	1,3	2,0
13 bis 16	9	6,0	0,45	1,1	1,3	2,0
17 bis 21	7	5,0	0,40	1,0	1,3	2,0

Quelle: GfE (2004)

Tabelle 15: Empfehlungen zum Gehalt an Mengenelementen in Putenmastmischungen

durch hohe Phosphorausscheidungen muss in der Putenmast gerade den späten Mastphasen mit hohem Futterkonsum Aufmerksamkeit geschenkt werden. Aktuelle Versuchsergebnisse belegen, dass Reduzierungen des Gesamtphosphorgehaltes im Futter um 26 bis 37 % gegenüber den derzeitigen Empfehlungen möglich sind, ohne dass Wachstumsdepressionen oder Probleme in der Knochenmineralisation auftreten. Die Empfehlungen zum Gehalt an Mengenelementen sind in Tabelle 15 angegeben.

Die physiologischen Wirkungen der einzelnen Elemente wurde bereits im Kapitel 2 abgehandelt. Daten zur Versorgung der Mastputen mit Spurenelementen stehen nur in begrenztem Umfang zur Verfügung und basieren teilweise auf älteren Versuchen. Die in Tabelle 16 aufgeführten Empfehlungen stützen sich daher auf Ableitungen aus Untersuchungen mit Masthühnern oder auf Erfahrungswerte.

Wie für die Spurenelemente, stehen auch für die Empfehlungen zur Vitaminversorgung nur wenige gesicherte Daten zur Verfügung (Tabellen 17 und 18).

Alter	Eisen (Fe)	Kupfer (Cu)	Zink (Zn)	Mangan (Mn)	Jod (J)	Selen (Se)
Wochen			mg/kg Futter			
1 bis 4	80	15	50	60	0,5	0,2
5 bis 22	60	6	40	50	0,5	0,2

Quelle: GfE (2004)

Tabelle 16: Empfehlungen zur Versorgung von Mastputen mit Spurenelementen

Alter	Vitamin A (IE)	Vitamin D3 (IE)	Vitamin E (mg)	Vitamin K (mg)
Wochen				
1 bis 2	5.000	1.500	30	1,5
3 bis 8	5.000	1.100	40	1,5
> 8	5.000	1.100	60[1]	1,0

1) Aus Gründen der Produktqualität.
Quelle: GfE (2004)

Tabelle 17: Empfehlungen zur Versorgung von Mastputen mit fettlöslichen Vitaminen (Angaben pro kg Futter)

Bei Vitamin A ist eine starke Überversorgung zu vermeiden. Allerdings deuten Untersuchungen darauf hin, dass bei höheren Dosierungen von Vitamin A mit einer verbesserten Immunabwehr zu rechnen ist. Es ist außerdem belegt, dass gegenläufige Effekte zwischen hohen Gehalten an Vitamin A und Vitamin D bestehen, die zu Leistungsdepressionen führen können. Vitamin D muss in synthetischer Form ergänzt werden, auch wenn die Puten Zugang zum Auslauf haben und damit eine Synthese des Vitamin D über die Haut gewährleistet ist. Das ist vor allem bei Putenküken wichtig, um ein stabiles Knochenwachstum zu gewährleisten. Die Vitamin-E-Versorgung ist bei Puten, vor allem in den ersten Lebenstagen, kritischer zu sehen als bei Hühnerküken, da Puten eine geringere Vitamin-E-Absorption aufweisen. Vitamin E spielt bei der Pute auch eine wichtige Rolle in Bezug auf die oxidative Stabilität von Putenfleisch. Somit ist der Bedarf an diesem Vitamin im Zusammenhang mit der Aufnahme von mehrfach ungesättigten Fettsäuren zu sehen. Pro g Ölsäure/Linolsäure/Linolensäure in der Futterration ergibt sich ein Mehrbedarf von 0,13/0,90/1,35 IE Vitamin E. Bei der Freilandhaltung von Mastputen kann der Vitamin-E-Bedarf vollständig über das Grünfutter abgedeckt werden. Als Quelle für Vitamin E kommen auch Pflanzenöle in Betracht, die meist reich an Tocopherolen sind. Hierbei ist aber wiederum die Fettsäurezusammensetzung des Öles zu beachten, woraus ein Mehrbedarf an Vitamin E resultieren kann.

Alter/Wochen	1 bis 2	3 bis 8	> 8
Thiamin	2,0	2,0	2,0
Riboflavin	4,5	4,5	4,0
Vitamin B$_6$	4,0	4,0	3,5
Vitamin B$_{12}$	0,01	0,01	0,01
Pantothensäure	10	10	10
Niacin	50	50	40
Folsäure	1,0	1,0	0,8
Biotin	0,3	0,25	0,20
Cholin	1.600	1.400	1.200

Quelle: GfE (2004)

Tabelle 18: Empfehlungen zur Versorgung von Mastputen mit wasserlöslichen Vitaminen (Angaben in mg pro kg Futter)

Puten haben einen Bedarf an essenziellen Fettsäuren. Als notwendiger Gehalt an Linolsäure in einem Kilogramm Futter werden 12 g in den Lebenswochen 1 bis 8 und 10 g ab der 9. Woche erachtet. Für α-Linolensäure belaufen sich die Empfehlungen auf 1 bzw. 0,8 g/kg Futter.

Wie Untersuchungen an der FH Weihenstephan gezeigt haben, können Mastputen in den ersten Lebenswochen auf rein pflanzlicher Basis ernährt werden, sofern die Mischungen ausreichende Gehaltswerte an essenziellen Aminosäuren aufweisen. Allerdings zeigen konventionelle Versuchsergebnisse, dass – neben den oben beschriebenen Nähr-, Mineralund Wirkstoffen – weitere Faktoren einen Einfluss auf die Leistung der Tiere haben. Diskutiert werden in diesem Zusammenhang Carnitin bzw. Kreatin, beides Verbindungen, die im Energiehaushalt des Organismus eine wichtige Rolle spielen, in pflanzlichen Komponenten aber nur in sehr geringem Umfang enthalten sind.

6.3.2.2 Rationsgestaltung

Phasenfütterung

Um den sehr differenzierten Ansprüchen der Mastputen gerecht werden zu können, sollten diese nach einem Phasensystem gefüttert werden. Dieses System orientiert sich an der Wachstumskurve der Tiere und untergliedert sich in der konventionellen Mast in sechs Phasen. Unter ökologischen Bedingungen kann dieses System durchaus dahingehend geändert werden, dass weniger Phasen zur Anwendung kommen oder einzelne Phasen zeitlich ausgedehnt werden, wenn die Haltungszeit über 21 Wochen hinausgeht. Bei der Mast von Putenhennen ist zu beachten, dass diese ab der 15. Lebenswoche zu einer stärkeren Verfettung neigen als die Putenhähne. Der Fettansatz hat aber einen geringeren Wirkungsgrad als der Proteinansatz, woraus ein höherer Futteraufwand resultiert. Daher sollten die Hennen unter ökonomischen Gesichtspunkten, aber auch aus Gründen der Produktqualität, früher geschlachtet werden, was aber aufgrund der EG-Öko-Verordnung nur bei extensiven Herkünften möglich ist.

Praktische Rationsgestaltung

Nachfolgend werden Rationsbeispiele für die Putenmast vorgestellt. Die erstellten Futtermischungen sind als Alleinfuttermischungen konzipiert. Es

Puten (4 Wochen)
Foto: Christoph Ziechaus

erfolgt eine Untergliederung der Mast in vier Phasen (Tabelle 19). Die letzte Phase ist nur bei der Mast von Hähnen relevant.

Die Aufzuchtphase (1. bis 6. Woche) gestaltet sich in der ökologischen Putenmast besonders schwierig. Die in Tabelle 19 vorgestellten Aufzuchtmischungen wurden in Fütterungsversuchen an der FH Weihenstephan mit Erfolg eingesetzt. Die Hennen der Herkünfte Big 6 und Nicholas 700 erzielten ein 6-Wochen-Gewicht von durchschnittlich 1,9 kg und nahmen 2,9 kg Futter pro Tier auf. Wie dieser Versuch zeigte, ist ein Verzicht auf tierische Eiweißfuttermittel in der Aufzucht zwar möglich, allerdings kann nicht gleichzeitig auf hochwertige pflanzliche Eiweißfuttermittel wie Kartoffeleiweiß oder Maiskleber verzichtet werden. Soll die „100 %

Bio-Futter-Regelung" auch in der Aufzucht von Puten beachtet werden, müssen diese Komponenten aus ökologischer Herkunft bereitgestellt werden. Der oft geforderte Einsatz von Volleipulver in Aufzuchtmischungen führt nach den an der FH Weihenstephan durchgeführten Versuchen nicht zu besseren Zuwachsleistungen als der Einsatz der in Tabelle 19 aufgeführten Mischungen A und B.

Neben der altersgerechten Inhaltsstoffausstattung der Futtermischung ist in der Putenaufzucht besonderes Augenmerk auf die Futterbeschaffenheit zu legen. In der 1. Lebenswoche (Kükenring) sollte gekrümeltes Futter (gebrochene Pellets) auf flachen Futterschalen ausgelegt und anschließend Pellets mit einem Durchmesser von 2 mm angeboten werden.

Futtermittel		Aufzucht 0 bis 6 Wochen	Mast 1 7 bis 12 Wochen	Mast 2 13 bis 18 Wochen	Mast 3 ab 19. Woche	
		A	B	C	D	E
Kartoffeleiweiß	%	11,0	7,0	5,0	-	-
Casein	%	-	6,0	-	-	-
Maiskleber	%	6,3	5,8	-	-	-
Erbsen	%	15,0	15,0	15,0	20,0	20,0
Sojabohnen	%	15,0	10,0	10,0	15,0	15,0
Sojakuchen	%	10,0	5,0	14,0	15,0	7,5
Sonnenblumenkuchen[1]	%	13,0	15,0	10,0	-	-
Gerste	%	14,0	15,5	-	-	-
Mais	%	10,9	16,0	30,0	35,0	45,0
Weizen	%	-	-	11,8	11,6	10,0
Kohlensaurer Kalk	%	1,7	1,7	1,5	1,4	1,1
Mineralstoffmischung	%	3,1	3,0	2,7	2,0	1,4
AME_N	MJ/kg	11,2	11,2	11,6	12,0	12,4
Rohprotein	%	28,7	27,0	22,3	20,3	17,7
Lysin	%	1,62	1,63	1,30	1,17	0,99
Methionin	%	0,61	0,64	0,45	0,39	0,37
Meth. + Cystin	%	1,05	1,03	0,84	0,72	0,72
Kalzium	%	1,23	1,22	1,08	0,91	0,68
Phosphor	%	1,00	1,00	0,89	0,70	0,54
Natrium	%	0,12	0,10	0,12	0,12	0,12
Rohfaser	%	7,9	7,9	6,1	4,0	3,8

1) teilentschält.

Tabelle 19: Futtermischungen für die ökologische Putenmast

In der eigentlichen Mast kann auf die teuren Eiweißfuttermittel schrittweise verzichtet werden. In den Mischungen für die Mastphasen (C bis E) wurde eine kontinuierliche Anhebung der Energiegehalte vorgenommen. Alternativ zu den in Tabelle 19 aufgeführten Alleinfuttermischungen kann in der Mast auch eine kombinierte Fütterung mit Getreide durchgeführt werden. Bei hohem Getreideanteil in der Ration (Getreidebeifütterung, Flockman-System) können sich negative Effekte durch Zellwandkohlenhydrate (NSP) ergeben. Wie bereits für Masthühner dargestellt, kann es auch bei Mastputen zu klebrigen Ausscheidungen und damit verbundener feuchter Einstreu kommen. Zudem werden häufig Minderzunahmen beobachtet. Das trifft auch bei Verfütterung von Weizen zu, dem fälschlicherweise immer noch die Eigenschaft zugewiesen wird, nahezu unbegrenzt im Geflügelfutter eingesetzt werden zu können. Der Futterverbrauch in der ökologischen Putenmast ist für weibliche Tiere

(Endgewicht: 7 kg, Mastdauer: 120 Tage) auf etwa 17 kg zu veranschlagen. Für männliche Tiere (Endgewicht: 13 kg, Mastdauer: 150 Tage) können etwa 35 kg kalkuliert werden.

6.3.3 Mastenten und Mastgänse
6.3.3.1 Richtwerte zur Versorgung mit Nährstoffen und Energie sowie Mineral- und Wirkstoffen

Grundlegende Aspekte
Mastenten und Mastgänse werden allgemein auch als Wassergeflügel bezeichnet. Allerdings trifft diese Bezeichnung nur auf die Pekingenten und die Gänse zu, denn die Wildform der heutigen Moschusenten war ein Baumbrüter und auch die Mulardenenten (die Kreuzung zwischen Muschuserpel und Pekingente) können eher dem Landgeflügel zugerechnet werden.
Von ihrer wirtschaftlichen Bedeutung her sind die Enten weit hinter den Masthühnern und Mastputen einzuordnen (nur 5,5 % des Pro-Kopf-Geflügelfleisch-Verbrauchs stammt aus Entenfleisch). Daher erklärt sich auch, dass diese Geflügelart relativ wenig wissenschaftlich bearbeitet wurde und somit auch nur vergleichsweise geringfügige Kenntnisse über den Bedarf an essenziellen Nährstoffen vorliegen. Vorhandene Versorgungsempfehlungen basieren oft auf Zusammenfassungen von Untersuchungen, wobei aber nicht zwischen Peking- oder Moschusente unterschieden wurde. Zwischen bei-

Gänse
Foto: Christoph Ziechaus

Pekingentenküken mit Gans
Foto: Christoph Ziechaus

den Entenarten bestehen aber Unterschiede, die daraus resultieren, dass die Mastzeit bei Pekingenten kürzer ist und somit von einem intensiveren Kükenwachstum auszugehen ist. Andererseits haben Pekingenten einen höheren Fettanteil (schlechtere Futterverwertung) und einen niedrigeren Brustfleischanteil als Moschusenten. Zwischen männlichen und weibli-

69

chen Moschusenten bzw. Gänsen kommt es im Verlauf der Mast zu einem beträchtlichen Auseinanderwachsen (Geschlechtsdimorphismus). Weibliche Tiere werden daher früher der Schlachtung zugeführt. In den Versorgungsempfehlungen ist dieser Aspekt nicht immer berücksichtigt. Untersuchungen zur Fütterung von Mastgänsen liegen in noch geringerer Zahl vor. Oft wurden Erkenntnisse von Pekingenten auf die Gänsefütterung übertragen.

Enten und Gänse sind Geflügelarten, die relativ leicht unter ökologischen Bedingungen ernährt werden können. Die Nährstoffansprüche in der Starterphase sind mit ökologischen Komponenten weitgehend zu decken und ältere Tiere können, bedingt durch ihren spezifischen Verdauungstrakt, gut mit Grünfutter bzw. Grünfutterkonserven versorgt werden. Bei Pekingenten verlängert die Nutzung der Weide zwar die Mastzeit um 3 bis 4 Wochen, gegenüber der siebenwöchigen konventionellen Mast, aber letztlich werden gleiche Endgewichte erreicht.

Bei Mastgänsen hat sich in Deutschland die Junggänsemast (16 Wochen oder bis zur zweiten Mauser) durchgesetzt, die eine Weidehaltung ab der 3. Lebenswoche einschließt. Eine noch umfangreichere Nutzung von Grünfutter ist in der Spätgänsemast (20 bis 32 Wochen) vorgesehen. Zwischen speziellen langsam wachsenden Herkünften wird bei Enten und Gänsen in der ökologischen Mast nicht unterschieden. Zum Zweck ei-

ner an die Bedürfnisse der Tiere angepassten Nährstoffversorgung, werden Peking- und Moschusenten ebenfalls in Phasen gefüttert (2 oder 3 Phasen). In der Jung- und Spätgänsemast wird zwischen einer Starterphase, einer Weidephase mit Zufütterung und einer Endmastphase unterschieden.

Bei der ökologischen Fütterung von Enten ist zu empfehlen, den Effekt des kompensatorischen Wachstums auszunutzen. Das bedeutet, die Tiere in der Starterphase 10 bis 15% unter den gegebenen Versorgungsempfehlungen für Energie und Aminosäuren zu versorgen. Die daraus resultierenden geringeren Lebendmassezunahmen können die Tiere, bedingt durch die lange Mastzeit, in späteren Phasen wieder ausgleichen. Die Strategie hat auch unter Umständen eine geringere Mortalität (vor allem auf Grund des plötzlichen Herztodes) zur Folge. Bei Gänsen sollte von dieser Vorgehensweise allerdings abgesehen werden, da das Brustfleischwachstum mit der 12. Lebenswoche praktisch abgeschlossen ist. Der Wert des Schlachtkörpers hinsichtlich des Fleischansatzes, wird also bereits in dieser Phase erzeugt. Zu energiereiches Futter und ein zu weites Protein-Energie-Verhältnis beeinflussen bei Gänsen sehr stark die Befiederungsabläufe und können zu Stoppligkeit am Schlachtkörper führen, bedingt durch die ungleichmäßige Reife der Federn.

Alter Wochen	Lysin	Methionin	Methionin+ Cystin g/kg	Threonin	Tryptophan	Energie MJ/kg ME
			Pekingenten[1]			
1 bis 3	11,6	4,0	7,6	8,3	2,1	12,2
4 bis 7	9,3	4,9	7,9	6,3	2,1	12,6
			Moschusenten[2]			
1 bis 3	8,9	3,7	7,4	6,4	1,8	11,5
4 bis 6	7,2	3,1	6,2	5,3	1,6	12,0
> 6	7,0	2,6	5,4	3,9	1,4	12,5
			Mastgänse[3]			
1 bis 3	10,0	4,0	8,0	-*	-	11,5
4 bis 9	9,0	3,5	6,5	-	-	11,5

* keine Werte verfügbar, verwendet werden sollten die Daten für Pekingenten.
Quellen: 1) Bons et al. (1999); 2) Inra (1984); 3) Jeroch (1989)

Tabelle 20: Empfehlungen zur Aminosäuren- und Energieversorgung von Pekingenten, Moschusenten und Gänsen

Bedarf an Protein und Aminosäuren sowie Energie

Die Empfehlungen zur Aminosäuren- und Energieversorgung von Pekingenten, Moschusenten und Gänsen sind in der Tabelle 20 zusammengefasst.

Mineral- und Wirkstoffe

Wie bei den Masthähnchen und -puten, stehen auch bei den Enten und Gänsen vor allem die Elemente Kalzium und Phosphor im Mittelpunkt der Mineralstoffversorgung. Für Magnesium werden 0,5 und für Chlorid 1,2 g/kg Futter für alle Entenarten und Mastabschnitte empfohlen. Für Kalium liegen keine gesicherten Werte vor, so dass auf Werte des Masthähnchens zurückgegriffen werden sollte. Die Empfehlungen zum Gehalt an Mengenelementen sind in Tabelle 21 dargestellt.

Alter in Wochen	Kalzium (Ca)	Gesamt-P (P)	Natrium (Na)
		g/kg Futter	
		Pekingenten	
1 bis 3	8,5	6,2	1,50
4 bis 7	8,5	5,6	1,00
		Moschuserpel	
1 bis 3	12,0	6,0	1,5
4 bis 6	11,0	6,0	1,1
7 bis 10	10,0	5,5	1,0
11 bis 12	7,5	5,0	0,6
		Mastgänse	
1 bis 3	8,0	6,0	1,3
4 bis 9	8,0	6,0	1,3

Quelle: Jeroch (2004)

Tabelle 21: Empfehlungen zum Gehalt an Mengenelementen in Futtermischungen für die Enten- und Gänsemast

71

Alter	Eisen (Fe)	Kupfer (Cu)	Zink (Zn)	Mangan (Mn)	Jod (J)	Selen (Se)
Wochen			mg/kg Futter			
1 bis 32	35	4,5	55	45	0,25	0,13

Quelle: NRC (1994)

Tabelle 22: Empfehlungen zur Versorgung des Wassergeflügels mit Spurenelementen

Daten zur Versorgung mit Spurenelementen stehen nur in begrenztem Umfang zur Verfügung, so dass für alle in diesem Kapitel behandelten Geflügelarten eine Standardempfehlung gegeben werden muss (Tabelle 22).

Die Angaben zur Vitaminversorgung von Enten und Gänsen schwanken sehr stark. In den Tabellen 23 und 24 sind Werte des NRC dargestellt. Hierbei ist anzumerken, dass in anderen Quellen teilweise deutlich höhere Empfehlungen genannt werden.

Alter Wochen	Vitamin A (IE)	Vitamin D_3 (IE)	Vitamin E (mg)	Vitamin K (mg)
Mastenten allgemein				
1 bis 7	2.500	400	10	0,5
Mastgänse				
1 bis 32	1.500	200	-*	-

* keine Werte verfügbar, verwendet werden sollen die Daten für Hühnerküken
Quelle: NRC (1994)

Tabelle 23: Empfehlungen zur Versorgung des Wassergeflügels mit fettlöslichen Vitaminen (Angaben pro kg Futter)

Alter Wochen	Vitamin B_2	Vitamin B_6	Niacin	Pantothensäure
Mastenten allgemein				
1 bis 7	4,0	2,5	55	11
Mastgänse				
1 bis 4	3,8	-*	65	15
> 4	2,5	-	35	10

* keine Werte verfügbar, verwendet werden sollen die Daten für Hühnerküken
Quelle: NRC (1994)

Tabelle 24: Empfehlungen zur Versorgung des Wassergeflügels mit wasserlöslichen Vitaminen (Angaben in mg pro kg Futter)

72

Zu dem Bedarf an essenziellen Fettsäuren liegen für die besprochenen Geflügelarten keine Werte vor.

6.3.3.2 Rationsgestaltung

Durch die bereits erwähnte Weidehaltung kann ein beträchtlicher Teil der Nährstoffversorgung bei älteren Tieren gedeckt werden. Für Gänse liegen dazu Daten vor, die das Potenzial des Grünfutters für die einzelnen Leistungsrichtungen beschreiben (Tabelle 25).

Als Grünfutterarten sind vor allem Gräser (Weidelgras und Wiesenschwingel) sowie der Weißklee gut geeignet. Es ist darauf zu achten, dass der Rohfasergehalt des Grünfutters nicht über 25 % steigt. Als Weideflächenbedarf sind je nach Grünmasseertrag zwischen 0,4 m² und 2 m² je Tier und Tag zu veranschlagen (Futteraufnahme 1000 g/Tier/Tag, Grünmasseertrag 250 bis 50 dt/ha). Weiterhin können auch CCM-Silage (Mais-Mischsilage aus Maiskörnern und Spindeln) oder Hackfrüchte zum Einsatz kommen. Zusätzlich sollte aber ein Eiweißergänzungsfutter sowie eine Mineralfuttermischung angeboten werden.

Geprüft worden ist auch der Futterwert von Keimgetreide an Enten und Gänsen. Das Ankeimen des Getreides wird mit der Absicht durchgeführt, bestimmte Eigenschaften des Futtermittels positiv zu verändern. So werden die Aktivierung pflanzeneigener Enzyme (Phytase) diskutiert oder eine Anreicherung von Aminosäuren. Die Untersuchungen an gekeimter Gerste haben aber gezeigt, dass der Futterwert um 0,4 MJ ME/kg Trockensubstanz unter dem von Gerstenkörnern lag. Die sehr aufwändige Vorkeimung des Getreides kann also aus ernährungsphysiologischer Sicht nicht empfohlen werden. Eine wesentliche Phase für die Qualität der Schlachtkörper von Mastgänsen ist der Zeitraum 3 bis 4 Wochen vor dem Schlachttermin. In dieser Zeit sollte möglichst ein bedarfsgerechtes Mischfutter verabreicht werden. Im Interesse einer günstigen Fettbeschaffenheit ist der Einsatz von Gerste oder Hafer zu empfehlen.

Leistungsrichtung	Mittlere Grasaufnahme (kg / Tier / Tag)	Bedarfsdeckung bei verdaulichem Rohprotein (%)	Bedarfsdeckung bei umsetzbarer Energie (%)
Gösselaufzucht	0,2	5	10
Frühgänsemast	0,3	10	15
Junggänsemast	0,6	15	25
Spätgänsemast	1,1	70	85

Quelle: Schneider (2002)

Tabelle 25: Potenziale der Energie- und Proteinversorgung aus Grünfutter bei Gänsen verschiedener Leistungsrichtungen

Mastenten sollten während der gesamten Mastzeit ad libitum, also ohne Einschränkungen, mit Kraftfutter versorgt werden, auch wenn ihnen Weidegang ermöglicht wird.

Bei Mastgänsen, die im Verfahren der Junggänse- bzw. Spätgänsemast gehalten werden, ist die Sattfütterung mit Kraftfutter dagegen nur in den ersten 5 bis 6 Wochen notwendig. Die Gewöhnung an das Grünfutter kann bereits mit der zweiten Lebenswoche beginnen, wobei sich der Grünfutterschnitt und die Verabreichung im Stallgebäude anbietet. Mit beginnendem Weidegang kann die Kraftfuttergabe auf etwa 100 g/Tier/Tag eingestellt werden. In der Endmastphase sind etwa 400 g Kraftfutter/Tier/Tag zu veranschlagen, wobei der Einsatz von Grünfutter dann vollkommen unterlassen werden sollte, um das Ausmästen der Gänse zu gewährleisten.

Beispielhafte Futtermischungen für die Starterphase von Mastenten und -gänsen sind in der Tabelle 26 aufgeführt. Die vergleichsweise hohen Getreideanteile in den Mischungen für Enten und Gänse wirken sich, im Gegensatz zum Masthuhn oder zur Pute, nicht negativ aus, da diese Geflügelarten eine höhere Toleranz gegenüber den Zellwandkohlenhydraten (NSP) haben.

Die Mischungen A + B wurden so erstellt, dass die derzeit geltenden Aminosäuren-Versorgungsempfehlungen eingehalten werden. Dazu war allerdings der Einsatz von Kartoffeleiweiß in größerem Umfang notwendig.

Bei Einsatz der Mischung C wird das Leistungsvermögen der Tiere in der Starterphase nicht voll ausgeschöpft, um ein kompensatorisches Wachstum in den späteren Mastphasen auszunutzen.

Die Endmastmischungen können dahingehend gestaltet werden, dass der Getreideanteil beibehalten oder erhöht und der Einsatz von Proteinträgern reduziert wird. Für Enten ab der 4. Woche können alternativ die Endmastmischungen für Masthühner (Tabelle 13) eingesetzt werden.

Die wichtigsten Kenndaten zur Mastleistung von Gänsen und Enten sind in Tabelle 27 zusammengefasst.

Futtermittel		Startermischungen (Woche 1 bis 3)		
		A	B	C
Weizen	%	41,3	40,0	44,5
Triticale	%	8,0	5,0	-
Kartoffeleiweiß	%	8,0	5,0	-
Maiskleber	%	5,0	10,0	1,0
Bierhefe	%	2,8	5,0	2,5
Biertreber	%	-	-	2,5
Sojabohne	%	10,0	-	-
Erbse	%	15,0	25,0	30,0
Leinsamen	%	-	5,0	5,0
Pflanzenöl	%	0,5	0,9	1,3
Mono-Kalzium-Phos.	%	1,9	1,6	1,7
Kohlensaurer Kalk	%	1,3	1,3	1,3
Natrium-Chlorid	%	0,2	0,2	0,2
Vormischung	%	1,0	1,0	1,0
ME (MJ/kg)	%	12,2	12,1	12,1
Rohprotein	%	24,7	23,5	21,0
Lysin	%	1,26	1,10	0,90
Methionin	%	0,45	0,42	0,36
Threonin	%	0,94	0,90	0,76
Tryptophan	%	0,23	0,21	0,17
Ca	%	1,04	1,03	1,05
P	%	0,81	0,82	0,85

Tabelle 26: Futtermischungen für die Starterphase von Mastenten und -gänsen

Geflügelart	Mastdauer/Tage Tage (d)	End- gewichte (g)	Tageszu- nahmen (g)	Futter- verbrauch (g) bzw. (kg)	Futter- wertung (kg/kg)
Pekingente (männl. + weibl.)	49	2.600	57	7.500	2,9
Moschusente					
männlich	84	4.500	54	13.500	2,9
weiblich	70	3.500	54	6.900	2,6
Gans (männl. + weibl.)	112	7.000	62	9.500 Mischfutter	-
	(Jungmastgänse)			12.000 Getreide	-
				60 **kg** Weide	-
	182	7.500		2.500 Mischfutter	-
	(Spätmastgänse)			20.000 Getreide	-
				150 **kg** Weide	-

Tabelle 27: Kenndaten zur Mastleistung von Gänsen und Enten

7 Ausgewählte Managementmaßnahmen

7.1 Zucht

Christiane Keppler

Die Kreuzungs- bzw. Hybridzucht führte seit den 50er Jahren zu hohen Leistungen und damit zu einer schnellen Verdrängung der bäuerlichen Linienzucht. Gleichzeitig setzte sich die Nutzung von Käfigen in der Legehennenhaltung durch. In den vergangenen 40 Jahren wurden die Legehennen daher für die Haltung

und Eierproduktion im Käfig optimiert. Mit über 300 Eiern pro Jahr und einer Futterverwertung von 2 kg Futter je 1 kg Eimasse ist durch Zucht der Großelternlinien und der Nutzung des Heterosiseffektes durch Linienkreuzungen (Hybride) inzwischen ein Hochleistungstier entstanden, das – wenn es ausreichend mit Nährstoffen versorgt wird -in der Lage ist, innerhalb eines Legejahres etwa das 10fache seines Körpergewichtes an Eimasse zu produzieren.

Hybrid- Legehennen sind die 2. Generation einer 4-Linien-Kreuzung. Die Zucht, die Vermehrung, Brüterei, Aufzucht und Haltung der Legetiere findet in der Regel jeweils in völlig verschiedenen Betrieben statt.

In den letzten Jahren konnten aber selbst größere Zuchtunternehmen aufgrund des scharfen Konkurrenz-

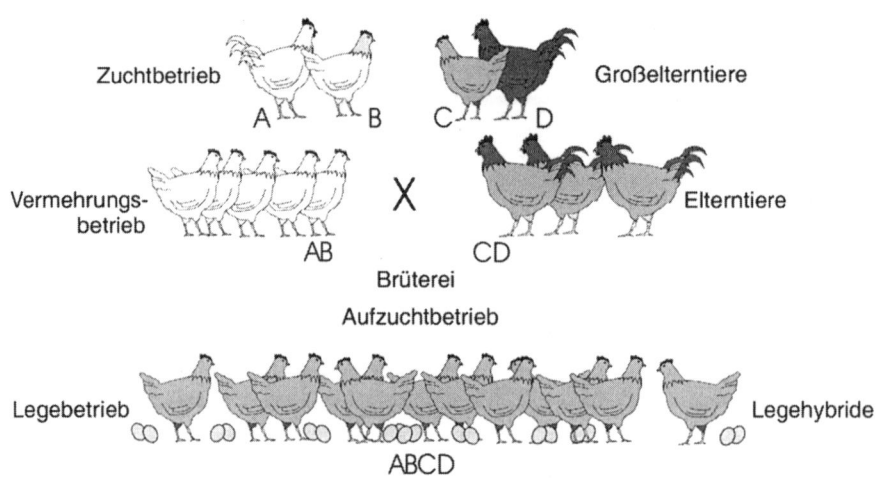

Abbildung: Zucht und Vermehrung von Legehybriden in verschiedenen Produktionszweigen

drucks nicht bestehen. Dies führte dazu, dass derzeit weltweit nur noch 3 große und ein kleines Zuchtunternehmen existieren, die Großelterntiere für Hybrid-Legehennen züchten (siehe Tabelle 28).

Zuchtlinien	Produkte		Unternehmensgruppe
	Braun	weiß	Merial
Babcock	1	1	Merial
Hubbard	-	1	Merial
ISA	1	2	Merial
Shaver	2	2	Merial
Bovans	1	2	Hendrix / Nutreco
Dekalb	2	2	Hendrix / Nutreco
Hisex	1	1	Hendrix / Nutreco
Lohmann	3	3	Erich Wesjohann
Hy-Line	2	2	Erich Wesjohann
H&N	2	2	Erich Wesjohann
Tetra	2	1	Ungarischer Investor

Quelle: Preisinger (2004), aktualisiert

Tabelle 28: Zuchtunternehmen

Eine bäuerliche Legehennenzucht wird heute nur noch in Form von Rassegeflügelzucht im Hobbybereich betrieben. Hierbei wurde in den letzten Jahrzehnten in der Regel nicht auf Leistungsmerkmale gezüchtet, da hierzu keine Notwendigkeit bestand. Da die Verfügbarkeit der Tiere sehr beschränkt ist und die Leistungen wirtschaftlich gesehen mit teilweise weit unter 200 Eiern im Jahr nicht ausreichen, werden zurzeit in alternativen Haltungssystemen und auf Öko-Betrieben hauptsächlich Hybriden eingesetzt.

Eine optimale Nährstoffversorgung dieser Hochleistungshybriden ist im Bio-Landbau schwieriger zu gewährleisten. Schon kleinste Versorgungsschwankungen, die sich in den Stallsystemen mit Freilauf anders auswirken als im Käfig, können Leistungseinbrüche oder Federpicken und /oder Kannibalismus zur Folge haben. Durch individuell unterschiedliches Futteraufnahmeverhalten kann bei einem Teil der Tiere Unterversorgungen entstehen. Darüber hinaus ist im Bio-Landbau die Verfügbarkeit von Proteinträgern, die insbesondere schwefelhaltige Aminosäuren beinhalten, begrenzt.

Zuchtziele für Legehennen in alternativen Haltungsformen

In diesen Haltungsformen werden vor allem hinsichtlich des Verhaltens und der Widerstandsfähigkeit gegenüber Krankheiten andere Anforderungen an die Tiere gestellt als in der Käfighaltung. Die z. T. recht großen Gruppen in unterschiedlichen Stallsystemen erfordern eine ruhige Henne, die nicht zu Federpicken und Kannibalismus neigt, selbstständig ein Nest aufsucht, Klimaschwankungen verträgt und sich mit einer ausreichenden Menge nährstoffreichen Futters versorgt.

Dies ist in letzten Jahren durch den Wandel zu mehr tiergerechten Haltungsformen in Europa in der züchterischen Selektion mehr in den Vordergrund gerückt. Eines der Zuchtziele ist, dass Schnabelstutzen und extrem

Zuchtziele waren und sind bis heute für Käfighaltung und alternative Systeme:	Neue Zuchtziele für alternative Systeme und ungestutzte Tiere:
• Maximale Anzahl verkaufsfähiger Eier	• Eignung für Boden- und Freilandhaltung
• Minimale Futterkosten pro Ei bzw. je kg Eimasse	- Adaptationsvermögen an verschiedene
• optimale Eiqualität	Haltungsformen
• Geringe Verluste	- Adaptationsvermögen an unterschiedliche
• Stressresistenz	Fütterung
• gute Elterntierleistungen	- Nestgängigkeit
	• Gefiederzustand und -qualität
	• wenig Neigung zu Federpicken und Kannibalismus

Tabelle 29: Zuchtziele und Selektionskriterien für Legehennen

niedrige Lichtintensitäten in Zukunft als prophylaktische haltungstechnische Maßnahmen gegen Federpicken und Kloakenkannibalismus nicht mehr nötig sein sollten (siehe Tabelle 29).

Da in der Zucht immer von Einzeltierdaten ausgegangen wurde, stellt sich bei der Gruppenhaltung von Legehennen die Frage wie diese Einzeldaten erfasst werden können. Hierzu ist es nötig, neue technische Möglichkeiten zu entwickeln, wie z. B. das so genannte „Autonest", wobei mittels Transpondererkennung das gelegte Ei der jeweiligen Henne zugeordnet werden kann. Weit schwieriger wird es, wenn auf bestimmte Verhaltensmerkmale, wie Auslaufverhalten oder Federpicken und Kannibalismus selektiert werden soll. Dies kann derzeit nur mit einer sehr zeitaufwändigen und teuren Verhaltensbeobachtung auf Einzeltierebene realisiert werden. Um solche Merkmale auf Gruppenebene so zu erfassen, dass sie in der Selektion genutzt werden

können, müssen Familiengruppen eines Zuchthahnes zusammengestellt werden und in einer nennenswerten Wiederholung mit den Nachkommen anderer Hähnen verglichen werden.

Zucht eines „Ökohuhns"

Für Boden-, Volieren- und Freilandhaltung sowie für Öko-Betriebe gelten bis auf die Unterschiede in der Fütterung weitgehend die gleichen Zuchtziele und Selektionskriterien. Lediglich bei der Eigröße wird von den Öko-Betrieben, die den Handel beliefern, etwas kleinere Eier (höherer M-Anteil) gefordert als im konventionellen Segment üblich. Da die international agierenden Zuchtfirmen zum überwiegenden Anteil den Markt für die Käfighaltung bedienen, ist hier eine besondere Selektion von Legehennen für Öko-Betriebe allerdings nicht zu erwarten.

Aus dem ökologischen Landbau kommt die Forderung, eigene Zuchttiere zu halten. Aufgrund der gegebenen Strukturen ist dies jedoch nur langfristig zu realisieren und bei der begrenzt nötigen Anzahl von Legehennen mit einem erheblichen finanziellen Aufwand verbunden, der angesichts der derzeitigen Eierpreise nicht realisierbar erscheint. Die Diskussion hierüber bewegt sich zwischen einer Zusammenarbeit mit den Zuchtfirmen bis hin zur eigenen Linienzucht von Rassegeflügel.

Die Züchtung eines Zweinutzungshuhnes (Lege und Mast), wie es ebenfalls für ökologische Betriebe diskutiert wird, würde das Merzen der Hahnenküken erübrigen. Kurzfristig könnte die gezielte Kreuzung von Mast- und Legeelterntieren hier eine Lösungsmöglichkeit darstellen.

Eignung von Hybrid-Legehennen für Bodenhaltungen mit Tageslicht

Seit den 60er Jahren wurden als „neutraler Warentest" Legeleis-

tungsprüfungen verschiedener Herkünfte im Käfig durchgeführt. Die Prüfanstalten Neu-Ulrichstein und Kitzingen stellten die Leistungsprüfungen seit Mitte der 90er Jahre auf Herkunftsprüfungen in Bodenhaltung mit Tageslicht um. Da jeweils verlegte Eier, der Gefiederzustand und die Verluste durch Kannibalismus registriert wurden und auch mit nicht-schnabelkupierten Hennen gearbeitet wurde, konnten Unterschiede in diesen Merkmalen zwischen den eingesetzten Herkünften aufgezeigt werden (siehe Tabellen 30 bis 32). Teilweise wurde bei den Prüfungen in Neu-Ulrichstein auch Öko-Futter vom ersten Lebenstag an eingesetzt. Die Ergebnisse zeigen z. T. große Unterschiede zwischen den Herkünften, vor allem hinsichtlich Gefiederschäden und Kannibalismusverluste, und sind daher auch als Empfehlungen für

Herkunft	Eier je Anfangshenne 365 Produktionstage				Verlegte Eier (%)			
	NU 1	NU 2	KT 1	KT 2	NU 1	NU 2	KT 1[1]	KT 2[1]
Lohmann brown	271				2,9			
Tetra SL	284		273	250	5,4		0,6	1,13
ISA Warren	276				8,3			
ISA neo brown				267				0,68
Lohmann Tradition		299	281	282	7,3	0,3		1,54
Bovans		299	296	288	2,3	0,4		1,24
Shaver 577		266	274		7,1	0,9		
Dekalb Gold		292		260	4,54			0,61
Lohmann Silver				278				0,46

1) Die Tiere wurden ohne Stitzstangen aufgezogen und zu Lebensbeginn auf dem Kotgitter eingesperrt, um das Verlegen der Eier zu minimieren.

Tabelle 30: Legeleistung und Nestannahme in den Herkunftsprüfungen in Bodenhaltung mit Tageslicht in Kitzingen (2000/01 und 2002/03) und Neu-Ulrichstein (1997/99 und 1999/2002) bei nicht-schnabelkupierten Braunlegern

Herkunft	Gefiederzustand am Ende der Legeperiode								Kannibalismus (%)			
	NU 1	NU 2	KT 1			KT 2			NU 1	NU 2	KT 1¹	KT 2¹
			keine	geringe	starke	keine	geringe	starke				
Lohmann brown	2,19								14,6			
Tetra SL	1,64		3%	56%	41%	5%	26%	69%	2,1		12,4	19,4
ISA Warren	1,63								5,9			
ISA neo brown						10%	37%	57%				7,3
Lohmann Tradition	1,18		34%	63%	2%	12%	38%	50%	0,8		1,8	2,0
Bovans	1,71		2%	70%	28%	5%	9%	86%	5,6		12,0	6,9
Shaver 577	1,88		13%	69%	18%				8,8		9,8	
Dekalb Gold	2,02					3%	12%	85%	5,0			21,4
Lohmann Silver						6%	7%	87%				6,9

NU: Gefiederquotient: Note 0 = intakte Federn, 1 = beschädigte Federfahnen, 2 = kleine, 3 = große nackte Körperpartien, Mittel aus 5 Körperregionen, 70. Lebenswoche; KT: Prozentualer Anteil Tiere mit Gefiederschäden KT 1 69. Lebenswoche, KT 2 72. Lebenswoche.

Tabelle 31: Gefiederzustand und Verluste durch Kannibalismus in den Herkunftsprüfungen in Bodenhaltung mit Tageslicht in Kitzingen (2000/01 und 2002/03) und Neu-Ulrichstein (1997/99 und 1999/2002) bei nicht-schnabelkupierten Braunlegern

Herkunft	Legeleistung	Nestakzeptanz	Gefiederzustand	Kannibalismus	Eignung für Bodenhaltung
Lohmann brown¹	+/-	+	-	-	-
Tetra SL	+/-	+/-	+/-	+/-	
ISA Warren¹	+/-	-	+/-	+/-	-
ISA neo brown¹	+/-	+/-	+	+/-	+
Lohmann Tradition	+	-	+	+	++
Bovans GL	+	+	+/-	+/-	++
Shaver 577	+/-	-	+/-	+/-	-
Dekalb Gold	+/-	+	-	-	-
Lohmann Silver¹	+/-	+/-	+/-	+/-	

1) Bisher nur einmal in der Prüfung.

+ positives Ergebnis   - negatives Ergebnis

+/- mittleres Ergebnis oder große Schwankung

Quellen:

1. Eignungsprüfung verschiedener Legehybridherkünfte für die Bodenhaltung 1996 – 1999
2. Eignungsprüfung verschiedener Legehybridherkünfte für die Bodenhaltung 1999 – 2002
   HDLGN Hessisches Dienstleistungszentrum für Landwirtschaft, Gartenbau und Naturschutz, Tierzuchtzentrum Neu-Ulrichstein, K. Lange
3. Bayerischer Herkunftsvergleich von Legehybriden in Bodenhaltung 2000/2001
4. Bayerischer Herkunftsvergleich von Legehybriden in Bodenhaltung 2002/2003

LfL Bayerische Landesanstalt für Landwirtschaft, Institut für Tierhaltung und Tierschutz – Arbeitsbereich Geflügel und Kleintiere Kitzingen, Dr. K Damme

Tabelle 32: Eignung verschiedener Herkünfte für Bodenhaltung mit Tageslicht

Öko-Betriebe geeignet. Das Eigewicht kann aufgrund der unterschiedlichen Fütterung nur als Unterschied zwischen den Herkünften eines Durchgangs gewertet werden. Insbesondere bei 100 % Bio-Futter ist ein höheres Eigewicht zu erwarten. Ein im Vergleich deutlich niedrigeres Eigewicht weist die Lohmann silver auf, während die Herkunft Lohmann tradition durchweg höhere Eigewichte als alle anderen geprüften Herkünfte erzielt. Die Zuchtfirmen erzielen bei ihren Hybriden einen ständigen Zuchtfortschritt, daher sind in einem Zeitraum von 1 bis 2 Jahren Veränderungen bei den Legetieren zu erwarten. Eine jährliche, parallele Prüfung der Tiere auf mindestens 2 Stationen und eine koordinierte Feldprüfung wären notwendig, um laufend vergleichbare Daten über die Eignung der Tiere für die Boden- und Freilandhaltung zu erhalten.

7.2. Junghennenaufzucht
Aufzucht von Junghennen

Für eine tiergerechte Aufzucht von Junghennen gelten die gleichen Anforderungen an das Haltungssystem wie für Legehennen, da die Tiere bis zum Legebeginn im Aufzuchtstall verbleiben. Besonders wichtig ist, dass der Stall weitgehend über die gleiche Einrichtung wie der zukünftige Legestall verfügt. Die Art und der Standort der Fütterungs- und Tränkeeinrichtungen und die Lichtverhältnisse sind in diesem Zusammenhang von besonderer Bedeutung,

um Schwierigkeiten bei der Eingewöhnung nach der Umstallung zu vermeiden. Das Aufzuchtverfahren sollte also spezifisch auf Boden-, Volieren- oder Freilandhaltung zugeschnitten sein. Gleichzeitig muss der Stall aber auch den Bedürfnissen der Küken in den ersten Lebenstagen genügen. Er muss also mit den Küken „mitwachsen".

Grundsätzlich ist aus ethologischer Sicht für ein tiergerechtes Haltungssystem zu fordern,

- dass die Tiere ihr artgemäßes Verhalten ausüben können, und insbesondere eine artgemäße Nahrungsaufnahme gewährleistet ist,
- dass eine soziale Organisation ermöglicht wird,
- dass Tageslicht und wenn möglich direkte Sonneneinstrahlung vorhanden sind, um den physiologischen Bedarf der Tiere an natürlichem Licht zu decken,
- dass den Tieren verschiedene Klimazonen zur Verfügung stehen.

Um in einem Stall entsprechende Voraussetzungen für die Tiere zu schaffen, ist eine genaue Kenntnis des natürlichen Verhaltens der Tiere notwendig.

Natürliches Verhalten von Küken

Das Leben eines Kükens beginnt unter natürlichen Bedingungen mit dem Bebrüten des Eies unter einer brütenden Henne. Kurz vor dem Schlupf machen sich die Küken durch Piepsen bemerkbar. Sie kommunizieren untereinander, um alle in einer möglichst kurzen Zeitspanne zu schlüpfen, aber auch mit der „brütigen" Henne, die dann „gluckig" wird und bereit ist, die Küken zu hudern und zu führen. Nachdem die Küken geschlüpft sind, findet in den ersten 36 Stunden die Prägung auf das Muttertier statt, wobei hier der 13. bis 16. Stunde wahrscheinlich die größte Bedeutung zukommt. Hier spielt die optische und die weitaus wichtigere akustische Wahrnehmung eine Rolle.

Die Nachfolgereaktion auf die Mutter oder das Picken auf glänzende Oberflächen zum Auffinden von Wassertropfen stellen neben den Lauf- und Pickbewegungen typische angeborene Verhaltensweisen dar. Die Küken bepicken alles, was ihnen als Futterobjekt interessant erscheint, wobei die Glucke die Küken durch gezieltes Locken zu Futterpartikeln unterstützt. In den ersten Lebenstagen lernen die Küken auf diese Weise schnell, Futter zu finden. Sie bewegen sich dann einen großen Teil des Tages gehend und laufend, wobei sie durch Scharren pflanzliche Futterpartikel, Würmer und Insekten freilegen und aufpicken. Diese aktiven Zeiten werden von gemeinsamen Ruhezeiten abgelöst, in denen die Küken von der Glucke gewärmt (gehudert) werden. Nach der 4. Lebenswoche sind die Tiere in der Lage, ihre Körpertemperatur weitgehend selbst zu regulieren.

Schon nach der ersten Lebenswoche können die Küken erhöhte Standorte anfliegen, trainieren so ihre Flugmuskulatur und erlernen die zum Anfliegen von erhöhten Plätzen nötige Flugkoordination. Sie putzen sich und zeigen Sonnen- und Staubbadeverhalten, wenngleich die Verhaltensabläufe noch nicht vollständig sind. Während sie in den ersten Lebenswochen hauptsächlich auf dem Boden ruhen und schlafen, bevorzugen sie später erhöhte Standorte.

Nicht zuletzt erlernen die Küken auch wichtige Elemente des Sozialverhaltens innerhalb einer Herde bevor die Glucke nach 5 bis 8 Wochen die Küken-Gluckenfamilie auflöst und sich wieder den anderen Hennen und dem Hahn anschließt. Die Küken müssen sich dann selbstständig in den Haremsverband integrieren.

Künstliche Aufzucht

Legehennenhaltung unter wirtschaftlichen Bedingungen ist heutzutage nur durch die mutterlose Aufzucht von Legehennenküken zu realisieren. Die Tiere werden herkömmlich in Käfigen oder in Bodenhaltung in Gruppen von bis zu 10.000 Tieren einer Altersgruppe aufgezogen. Vereinzelt werden spezielle Volierenaufzuchtanlagen eingesetzt. In Öko-Aufzuchtbetrieben werden maximal 4.800 Tiere zuammen aufgezogen; zusätzlich ist Tageslicht, ein überdachter Auslauf, Sandbademöglichkeit und Körnerfütterung in der Einstreu vorgeschrieben. Vom ersten Lebenstag an fehlt so eine für Hühner natürliche Sozialstruktur. Dem natürlichen Verhalten entsprechend bepicken die Küken in den ersten Lebenstagen fast alles in ihrer Umwelt. Zur Befriedigung der Grundbedürfnisse der Küken muss besonders in den ersten Lebenstagen Wasser und Futter leicht zu finden sein und verhindert werden, dass die Küken auskühlen. Da ihre Umwelt in dieser Phase überwiegend aus Artgenossen besteht, werden auch sie bepickt. Hierbei können sie lernen, Federn ihrer Artgenossen zu fressen. Federpicken kann so als Verhaltensstörung des Futteraufnahme- und -sucheverhaltens entstehen.

Aufzucht mit Tageslicht

Werden die Küken, wie im Bio-Bereich vorgeschrieben, nicht schnabelgestutzt und mit Tageslicht aufgezogen, sind sie insgesamt aktiver. Um die Entwicklung von Federpicken zu verhindern, ist es daher wichtig, dass die Tiere vom ersten Lebenstag an ihr artgemäßes Futtersuche- und Aufnahmeverhalten, wie Scharren und Picken, ausüben können. Dies kann man am besten erreichen, wenn die Tiere vom ersten Tag an Zugang zu manipulierbarer Einstreu, d. h. Einstreu wie Häckselstroh oder Hobelspäne (kein Sand!) haben und in einer möglichst niedrigen Besatzdichte gehalten werden. (Die Bioland-Richtlinien sehen hier maximal 16 Tiere/m^2 Bewegungsfläche bis zur 12. Lebenswoche vor.)

Wärmebedarf

Der Wärmebedarf kann durch eine Ganzraumheizung oder durch Strahler gedeckt werden, wobei sich der Einsatz von Strahlern günstiger auswirkt, da verschiedene Klimazonen entstehen und die Küken ihren Aufenthaltsbereich selbst wählen können. Strahler, die wenig sichtbares Licht aussenden, kommen in Kombination mit einem Unterschlupf (künstliche Glucke) dem natürlichen Verhalten der Küken am nächsten.

In den ersten Tagen besteht die Gefahr, dass sich die Küken in dunkle Stallecken zurückziehen, was dem Hudern unter der Glucke entspricht. Die Tiere können dort auskühlen und sich gegenseitig erdrücken. Um dies zu verhindern, wird der Bewegungsraum für die Tiere in den ersten Lebenswochen durch Kükenringe stark eingeengt. Bei Ställen mit erhöhten Ebenen wird die Kotgrube oder die untere Ebene der Volierenanlage durch Gitter oder Hartpappen begrenzt. Die Kükenringe sollten soviel Platz wie möglich beinhalten und so schnell wie möglich erweitert werden, um der hohen Aktivität der Küken Raum zu geben. Bei kleineren Ställen genügt es, wenn die Stallecken durch Hartpappen abgerundet werden.

Verteilung der Küken unter dem Strahler. A ringförmige Verteilung der Küken – Temperatur und Lüftung sind richtig; B die Küken drängen sich unter dem Strahler – Temperatur ist zu niedrig; C Abstand zum Strahler sehr groß – Temperatur unter dem Strahler zu hoch; D Küken drängeln sich in einer Ecke – Zugluft und zu niedrige Temperatur

Alter in Tagen	Temperatur unter der Wärmequelle auf der Einstreu
1 bis 7	34 bis 30 °C
8 bis 14	29 °C
15 bis 21	26 °C
22 bis 28	22 °C
29 bis 35	20°C
36 bis 42	18 °C

Tabelle 33: Temperaturprogramm Wärmebedarf von Küken

A B C D

Zeichnung: Christiane Keppler

Stalleinrichtung

Von der 2. bis zur 6. Lebenswoche sind die Tiere besonders bewegungsaktiv. Daher sollten auch schon spätestens ab der 2. Lebenswoche verschiedene Funktionsbereiche im Stall vorhanden sein, damit sich aktive und ruhende Tiere nicht gegenseitig stören. Erhöhte Standorte, wie Sitz-

Wärmequelle in Verbindung mit einem Unterschlupf. Die Stallecke wurde mit einer Hartpappe abgerundet. Vom ersten Tag an sind Sitzstangen verfügbar. Futter wird auf einem Eierhöcker angeboten.

Kükenring mit Gasstrahlern, Stülptränken und Futterschalen für die ersten Lebenstage

stangen oder Strohballen, Bereiche mit Sand zum Staubbaden und Futterkörbe mit Raufutter, Rüben und Picksteine erfüllen diese Funktion sehr gut und dienen zur Beschäftigung der Tiere.

Werden die Küken auf dem Kotgitter oder in einer Voliere eingestallt, können die Tiere erst in den Scharraum, wenn alle Küken die Distanz Kotgitter/Voliere – Boden sicher überwinden können. Hierzu werden Rampen oder Podeste vor die Kotgrube gestellt, damit die Tiere hinunter laufen oder fliegen können. Auch auf dem mit Pappe abgedeckten und eingestreuten Kotgitter sollten Sitzstangen zum Erlernen des Fliegens und gegebenenfalls zur Beschäftigung genügend Einstreu und Sandbäder vorhanden sein.

In allen gängigen Legehennenhaltungssystemen wird aus hygienischen Gründen Futter und Wasser auf der Kotgrube/-band oder auf erhöhten Ebenen in der Volierenanlage angeboten. Um optimal auf die Gegebenheiten im Legestall vorbereitet zu sein, sollten die Küken von Anfang an lernen, auf erhöhten Standorten Futter und Wasser zu suchen und deshalb auch dort angeboten bekommen. Ist das nicht der Fall, kann es nach der Umstallung in den Legestall erforderlich werden, die Tiere auf der Kotgrube für einige Tage „einzusperren", um zu vermeiden, dass sie verhungern oder verdursten. Dies führt häufig zu Federpicken und Kannibalismus, da keine Einstreu vorhanden ist und gleichzeitig die Besatzdichte wesentlich erhöht ist. Werden die Küken zuerst auf dem Boden aufge-

Im Volierenstall werden die Küken auf einer Ebene eingestallt, die mit Absperrungen versehen ist. Die Absperrgitter können anschließend schräg nach unten geklappt werden, um den Küken den Weg von unten nach oben zu erleichtern.

Strukturierter Stall mit Sandbad, Futterkörbe, Sitzstangen, Strohballen
Fotos: Christiane Keppler

zogen, gewöhnen sich während der Aufzuchtperiode nicht immer alle Tiere an das Futter- und Wasserangebot auf erhöhten Ebenen.

Das Futter sollte zu Beginn der Aufzuchtperiode krümelig sein und auf einem „Futterbrett" angeboten werden. Hierbei hat sich die Verwendung von 30er Eierhöckern bewährt, da die Tiere hier nicht, wie in Futterschalen oder Kartons, Staubbadeverhalten zeigen. Da Staubbaden bei Hühnern immer mit dem Bepicken des Gefieders von Artgenossen verbunden ist, um Schmutzpartikel und vermutlich auch Ektoparasiten zu entfernen, sollte Futterpicken im Gefieder von Artgenossen verhindert werden, damit die Tiere nicht das Federpicken lernen. Nach der 2. Lebenswoche sind die Küken in der Lage, das Futter aus dem Futterautomaten aufzunehmen. Auch die Wasserversorgung kann dann von kleinen Stülptränken auf offene Rundtränken und Nippeltränken umgestellt werden. Gern nehmen die Tiere auch schon ab der 3. Lebenswoche Körner aus der Einstreu auf. Diese sollten jedoch bis zur 8. Lebenswoche noch gebrochen angeboten werden.

Des Weiteren sollten die Junghennen lernen, nachts auf erhöhten Standorten aufzubaumen. Dies ist wichtig, damit der Hauptanteil des Kotes im Legestall auf dem Kotband oder der Kotgrube abgefangen wird und nicht in der Einstreu landet. In den letzten 8 Wochen der Aufzuchtperiode müssen daher für alle Junghennen erreichbare, erhöhte *Sitzplätze* angeboten werden.

Abhängig vom Entwicklungszustand beginnen die Junghennen schon etwa ab der 16. Lebenswoche Plätze für die Eiablage zu suchen. Die Umstallung in den Legestall zu diesem Zeitpunkt ist aus dieser Sicht optimal. Da dies jedoch häufig nicht in den Einstallungsplan der Betriebe passt, sollten auch schon im Aufzuchtstall einige *Nester* vorhanden sein.

	Trogseitenlänge je Tier (cm)	Troglänge für 100 Tiere (m)	Tränkrinnenseite je Tier (cm)	Tiere je Nippel
1. Woche	1 Futterbrett Futterschale bzw. Eierhöcker für 50 Tiere	0,25	0,5	6 bis 7
2. bis 4. Woche	3	1,5	1,0	6 bis 7
5. bis 8. Woche	6	3	1,5	5 bis 6
9. bis 15. Woche	10	5	2,5	4 bis 5
16. bis 20. Woche	12	6	3,0	3 bis 5
Legehennen	12 bis 14	6 bis 7	3	2 bis 5

Quelle: H.-W. Rauch (2004), verändert

Tabelle 34: Trog- und Tränkebedarf

Wintergarten/Junghennen Foto: Christoph Ziechaus

Der überdachte *Auslauf* ist wichtig
für die Gewöhnung an das Außenklima und kann den Tieren je nach Jahreszeit und Witterung schon ab der 4.
Lebenswoche zur Verfügung gestellt
werden. Sandbäder, Futterkörbe, Sitzstangen oder Strohballen sollten auch
im überdachten Auslauf angeboten
werden.

Ein *Freiauslauf* für Junghennen ist
optimal zur Vorbereitung auf eine
Freilandhaltung, jedoch im Hinblick
auf ein mögliches Infektionsrisiko
nicht unproblematisch. Sind die Tiere
noch klein, können ihnen Krähen und
Greifvögel gefährlich werden. Ein
Schutznetz ist daher sinnvoll. (Siehe
darüber hinaus Kapitel 7.7. Auslauf-
management).

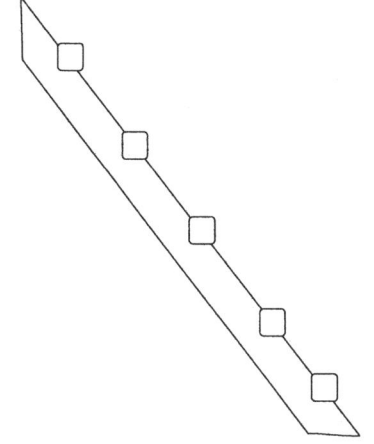

*Beschaffenheit von Sitzstangen. Der Abstand
zwischen den Sitzstangen sollte 30 bis 40 cm
betragen, wobei unterste Sitzstange niedriger
angebracht werden sollte (15 bis 20 cm zum
Boden), um den Tieren in den ersten 2 Wochen
das hochfliegen zu erleichtern. Die Breite der
Sitzstange sollte etwa. 4 cm betragen wobei die
Ecken unbedingt abzurunden sind.
Zeichnung: Christiane Keppler*

Management

Die Aufzucht ist für das Leistungsvermögen und die Vitalität der Legehennen von entscheidender Bedeutung.
Legebeginn, -leistung, -persistenz
und Eigrößen sind von der Körper-

masse und der Entwicklung der Lege-organe bei Legebeginn abhängig. Die Körpermasse und die Reifung der Legeorgane wird während der Aufzucht durch Phasenfütterung und Beleuchtungsprogramm gesteuert. Der Anzahl der Futterplätze kommt hier eine entscheidende Bedeutung zu. Sind zu wenig Futterplätze vorhanden, wächst die Herde auseinander, Federpicken wird forciert und das Leistungsvermögen der Herde beeinträchtigt.

Licht
Die Lichtintensität kann bei Tageslichthaltungssystemen sehr unterschiedlich sein. Bei Ställen mit direktem Sonnenlicht werden mehrere hundert Lux erreicht. Ist ein Stall nur mit der Mindestfensterfläche ausgestattet, sind die Fenster mit Doppelstegplatten versehen und ist der überdachte Auslauf vorgelagert, kann die

Lichtintensität so niedrig sein, dass zusätzliches Kunstlicht notwendig wird. Durch den Einsatz eines Lichtprogramms, das die Tages- und Nachtzeit regelt, kann die Entwicklung der Tiere gesteuert werden. Ziel ist eine Verzögerung der Legereife, die zur Bildung von größeren, vermarktungsfähigen Eiern, zu einer besseren Legeleistung und einen nahezu gleichen Beginn der Legetätigkeit bei allen Tieren führt. Ein solches Licht-Management sollte nach derzeitigem Kenntnisstand auch unter Tageslichtbedingungen eingehalten werden. Die Zuchtfirmen empfehlen hierfür einen exakten Managementplan.
Für eine Aufzucht unter Tageslichtbedingungen bedeutet dies, dass nur im Herbst mit der Aufzucht begonnen werden kann oder lichtdichte Verdunklungen an den Fenstern angebracht werden müssen.

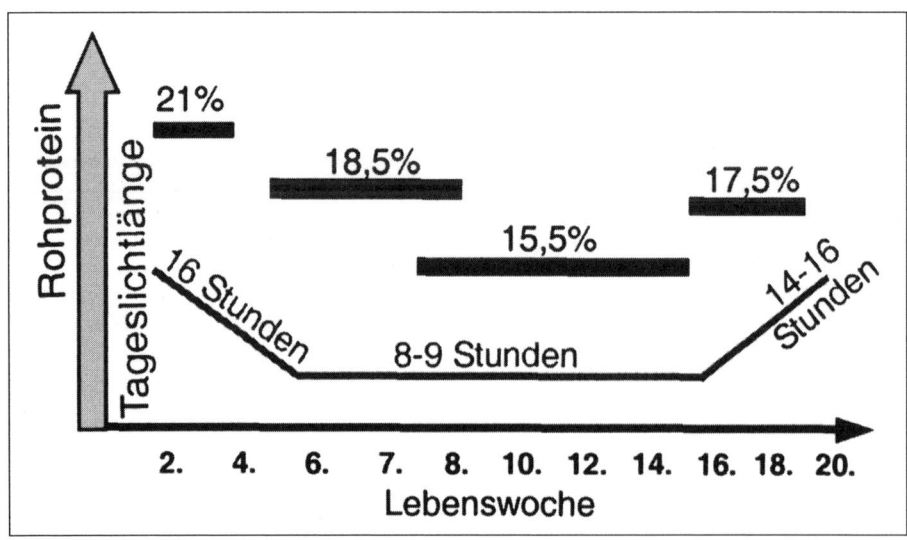

Das Wachstum und die Legereife wird während der Aufzucht durch eine Phasenfütterung und ein Lichtprogramm gesteuert. Abbildung: Christiane Keppler

Nach den Richtlinien der Öko-Anbau-verbände werden die Junghennen mit Zugang zu einem überdachten Auslauf aufgezogen. Beim Umstallen in den Legestall ist zu berücksichtigen, dass die Hell- und Dunkelphase auf das Management im zukünftigen Betrieb abgestimmt wird, damit die Tiere nicht um mehrere Stunden in ihrem Rhythmus verschoben werden. Dies lässt sich am besten realisieren, wenn das Ende des Lichttages sich nach der natürlichen Abenddämmerung richtet.

Immunisierung

Eine Immunisierung der Küken und Junghennen gegen die meisten Krankheiten wird heute durch Impfungen erreicht. Die Anzahl der derzeit empfohlenen und durchgeführten Impfungen ist sehr hoch (bis über 21 Einzelimpfungen) Die Auswahl und Durchführung der Impfungen sollte mit großer Sorgfalt und in enger Abstimmung mit dem Legebetrieb und den für beide Betriebe verantwortlichen Tierärzten geschehen. (siehe auch Kapitel 7.3).

Transport

Der Transport in den Legestall ist für die Tiere nachts bzw. in den frühen Morgenstunden am schonendsten. Werden sie am Abend eingefangen und am Morgen im neuen Stall auf dem Kotgitter aufgestallt, entsteht kein so starker Gewichtsverlust durch geringere Futteraufnahme. Außerdem sitzen die Tiere nachts ohnehin eng zusammen, was für sie tagsüber aber mit Stress verbunden ist.
Sind die Junghennen in einer guten Konstitution, überstehen sie den Transport in den Legestall in der Regel gut.

Aufzucht für den eigenen Betrieb

Ist ein umfassendes Wissen über die Kükenaufzucht vorhanden und stimmen die betrieblichen Voraussetzungen, kann die Aufzucht von Junghennen für den eigenen Betrieb empfohlen werden. Zeit, Sorgfalt (vor allem beim Impfen), Hygiene (extra Stallkleidung), ein gut isolierter Stall mit der Möglichkeit, ihn vollständig verdunkeln zu können, müssen allerdings vorhanden sein. Ein großer Vorteil liegt in der optimalen Gewöhnung der Tiere an die betrieblichen Gegebenheiten (Erregermilieu, Betreuung und Management, Futter und Stalleinrichtung.) Der Transport fällt als zusätzlicher Stressfaktor weg. Zudem kann der Betrieb die Herkunft, die er einsetzen möchte, weitgehend frei wählen. Da die Junghennenpreise aufgrund des aufwändigen Aufzuchtverfahrens immer mehr steigen, kann die eigene Aufzucht auch betriebswirtschaftliche Vorteile bieten.

Verschiedene Stalltypen und ihre Vor- und Nachteile

Wie sollte nun ein Aufzuchtstall beschaffen sein, der alle genannten Forderungen erfüllt? Dies ist im starken Maße davon abhängig, wie viele Tiere aufgezogen werden, in welchen Legestall sie kommen und welches Gebäude mit welcher Stallbreite verwendet werden soll.

Ein Stall kann nicht immer mit der maximalen Besatzdichte ausgelastet werden, da die Unterbringung von einer ausreichenden Anzahl Futtereinrichtungen oder Sitzstangen zu

berücksichtigen ist. Soll ein Aufzuchtstall neu eingerichtet werden oder treten immer wieder Probleme auf, sollte die Beratung in Anspruch genommen werden. Im Folgenden werden mehrere Stalltypen vorgestellt und deren Vor- und Nachteile erläutert.

EG-Legehennenverordnung	keine Angaben zur Junghennenaufzucht
Deutsche Tierschutz-Nutztierhaltungsverordnung	Aufzucht soll die Tiere an die spätere Haltungseinrichtung gewöhnen
EG-Öko-Verordnung	Gruppengröße maximal 4.800 Tiere
Richtlinien der Anbauverbände	Bioland-Verband
Zukauf von Junghennen	bis 18. Lebenswoche (bis 31.12.04)
Stalltyp	Aufzucht soll auf Legestall abgestimmt sein
Besatzdichte	3. bis12. LW, maximal 15 kg Lebendgewicht/m²
	maximal 16 Tiere je m² Bewegungsfläche
	ab 12. LW maximal 10 Tiere/ m² Bewegungsfläche
	bei integriertem Außenklimabereich nachts maximal
	13 Tiere/ m² im Warmbereich
Einstreu	ab 1. Lebenstag Einstreu mit Sand und Gritanteilen
	mindestens 50 % der Bewegungsfläche Einstreu
Aufbaummöglichkeiten	ab 1. Lebenstag
	ab 8. LW 8 cm /Tier 1/3 erhöht
	ab 12. LW 12 cm /Tier 1/3 erhöht
Fütterung	Ab der 7. Lebenswoche Körner in der Einstreu
Futtereinrichtungen	alle Tiere müssen gemeinsam fressen können
	immer frisches Wasser verfügbar
Schutz- und Deckungseinrichtungen	ab 1. Lebenstag
Licht	Tageslicht
Außenklimabereich	ab 10. LW Zugang zu überdachtem
	Außenklimabereich
	Außenklimabereich mindestens ¼ der begehbaren
	Fläche im Stall
	Ausnahme: mobile Ställe und Bestände unter
	200 Tieren

Tabelle 35: Gesetzliche Vorgaben und Richtlinien zur Junghennenaufzucht

Die Richtlinien stellen Mindestbedingungen dar und sollten nicht immer ausgereizt werden. Die Qualität der Junghennen und das Handling des Stalles sollten bei einer Stallkonzeption mitbedacht werden und können die Wirtschaftlichkeit genauso beeinflussen wie die Anzahl der aufgezogenen Junghennen.

Bodenhaltung mit Sitzstangen

In einem Bodenhaltungsstall ohne erhöhte Standorte werden ausreichend viele Sitzstangen in Form von A-Reutern und/oder Sitzstangenleitern gestellt. Zusätzlich können noch Strohballen angeboten werden.

Vorteile:
- die Tiere lernen erhöhte Standorte anzufliegen
- der Stall ist leicht zu reinigen
- die Tiere sind leicht einzufangen (für Impfungen, Ausstallen)
- den Tieren stehen von Anfang an Einstreu und nach Möglichkeit der gesamte Stall zur Verfügung

- variabler Stallraum
- Überschaubarkeit

Nachteile:
- Die Tiere lernen nicht, auf erhöhten Standorten Futter und Wasser aufzunehmen.

Bodenhaltung mit Kotgitter

Um alle Futter- und Wassereinrichtungen auf dem Kotgitter unterzubringen, werden in der Regel die Hälfte bis zwei Drittel der Stallgrundfläche mit einem Kotgitter versehen; die Kotgrube ist i. d. R. 30 bis 40 cm hoch, damit der gesamte Kot von 20 Wochen aufgenommen werden kann. Bei der Einstallung der Küken wird die Kotgrube mit Pappe abgedeckt und eingestreut. Durch Barrieren wird dafür gesorgt, dass die Küken nicht von der Kotgrube gelangen. Diese Barrieren werden erst entfernt, wenn die Küken die 30 bis 40 cm hohe Distanz vom Boden auf das Kotgitter sicher überwinden können, um zurück zu den Futter- und Wassereinrichtungen zu gelangen. Dies ist häufig

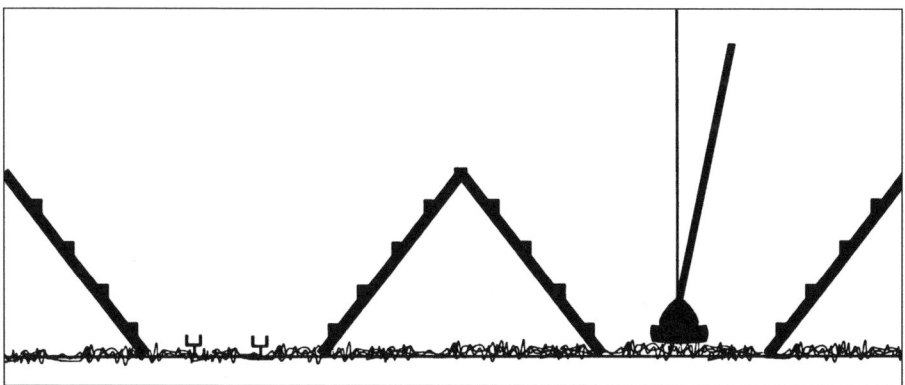

Skizze: Bodenhaltung mit Sitzstangen, die mit einer Topf- oder Rinnen- bzw. Kettenfütterung ausgestattet werden kann. Alle Skizzen: Christiane Keppler

91

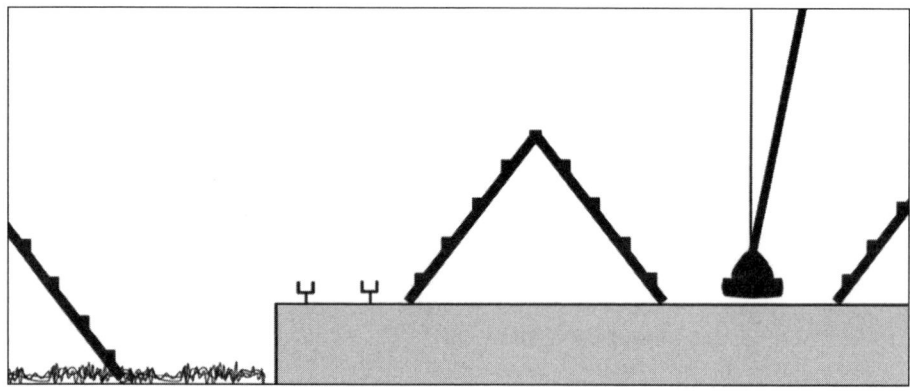

Skizze: Bodenhaltung mit Kotgittern und Sitzstangen, die mit einer Topf- oder Rinnen- bzw. Kettenfütterung ausgestattet werden kann

erst mit 3 bis 4 Wochen der Fall, und nur sicher zu gewährleisten, wenn die Küken auch auf dem Kotgitter Sitzstangen zum Erlernen der Flugkoordination zu Verfügung hatten.

Vorteile:
- die Tiere lernen, erhöhte Standorte anzufliegen
- die Tiere lernen, auf erhöhten Standorten Futter und Wasser aufzunehmen
- die Tiere lernen, nachts auf erhöhten Standorten aufzubaumen
- niedrige Investitionskosten, Eigenbau möglich
- Überschaubarkeit.

Nachteile:
- die Tiere sind schwer einzufangen (für Impfungen und beim Ausstallen)
- den Tieren steht nicht von Anfang an alle Stallbereiche zur Verfügung
- der Zugang zu Einstreu ist eingeschränkt, da nach 2 bis 3 Wochen

auf dem Kotgitter oft nicht mehr genug Einstreu vorhanden ist
- da nur ein Teil des Stalles eingestreut ist, ist der Zugang für alle Tiere nicht gewährleistet.

Volierenhaltung

Sollen die Tiere in der Legeperiode in eine Volierenanlage eingestallt werden, ist auch die Aufzucht in einer Volierenanlage zu empfehlen. Hierzu werden verschiedene Aufzuchtvolieren am Markt angeboten, die sich an die verschiedenen, altersabhängigen Ansprüche der Tiere anpassen. Prinzipiell treten hier zu Anfang der Aufzuchtperiode jedoch die gleichen Schwierigkeiten auf, wie in der Bodenhaltung mit Kotgitter. Soll den Tieren von Beginn an Futter und Wasser auf der Anlage angeboten werden, müssen sie auf einer Volierenebene eingesperrt werden. Wie lange, ist von der Höhe der Ebene zum Boden abhängig. Das Platzangebot und das Angebot von Einstreu ist dann in den ersten 3 bis 4 Lebenswo-

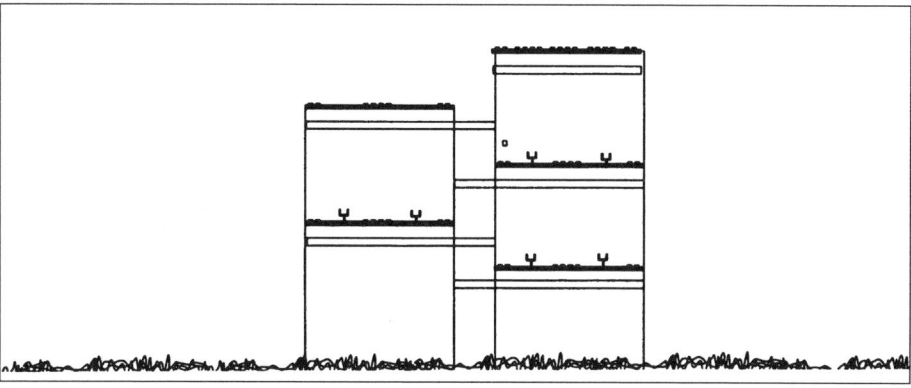

Skizze: Aufzuchtvoliere mit einer Kettenfütterung

chen sehr gering. Erhöhte Sitzstangen werden in diesem Zeitraum nicht angeboten.

Vorteile:
- die Tiere lernen, erhöhte Standorte anzufliegen
- die Tiere lernen, auf erhöhten Standorten Futter und Wasser aufzunehmen
- die Tiere lernen, nachts auf erhöhten Standorten aufzubaumen
- die Tiere lernen, in einer Volierenanlage zurechtzukommen.

Nachteile:
- die Tiere sind schwer einzufangen (für Impfungen und beim Ausstallen)
- den Tieren steht am Anfang nur ein kleiner Bereich des Stalles zur Verfügung
- der Zugang zu Einstreu ist nicht immer gewährleistet, da nach 2 bis 3 Wochen auf dem Kotgitter oft nicht mehr genug Einstreu vorhanden ist

- hohe Investitionskosten
- höhere Managementanforderungen
- Überschaubarkeit gegebenenfalls eingeschränkt.

Flexibles Aufzuchtsystem
Um die Vorteile von Bodenhaltung und Aufzuchtvoliere zu nutzen, wurde von der Autorin ein neues System entwickelt, das sich ständig den Bedürfnissen und Anforderungen der Küken und Junghennen anpassen lässt. Hierbei werden flexible Sitzstangenrahmen mit Futter und Wassereinrichtungen oder Sitzstangen an Trägern so montiert, dass sie über Stellmotoren oder mit Hilfe von Ketten nach oben gezogen und eingehängt werden können. Sobald die Küken eine Distanz von 10 bis 15 cm überwinden können, werden die ersten Sitzstangenrahmen um diese Distanz nach oben gezogen. Der Bereich unter dem Sitzstangenrahmen kann gleichzeitig als Unterschlupf dienen. Im Laufe der Aufzuchtperiode können

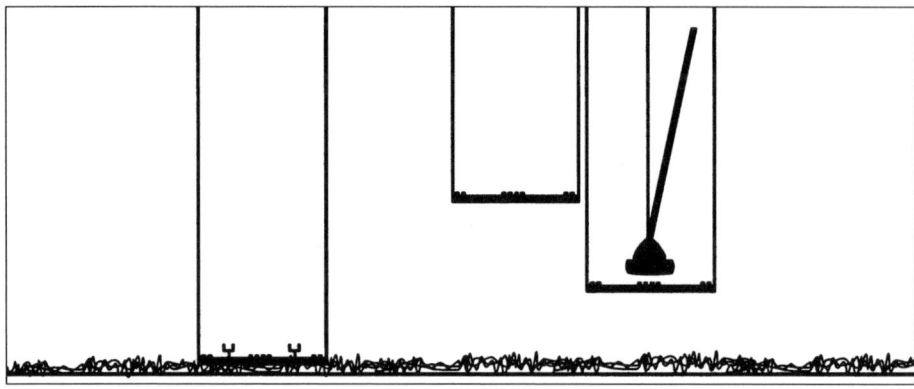

Skizze: Aufzuchtsystem mit flexiblen Ebenen. Wahlweise mit Topf- oder Kettenfütterung

die Sitzstangenrahmen dann auf die gleiche Höhe gebracht werden, wie sie die Tiere im zukünftigen Legestall vorfinden. Werden die Rahmen auf unterschiedlichen Höhen angebracht, wird so ein Volierensystem simuliert. Zum Einfangen der Tiere und zum Reinigen des Stalles können die Rahmen mit Fütterungseinrichtungen unter die Stalldecke gezogen werden.

Vorteile:
- die Tiere lernen, erhöhte Standorte anzufliegen
- die Tiere lernen, auf erhöhten Standorten Futter und Wasser aufzunehmen
- die Tiere lernen, nachts auf erhöhten Standorten aufzubaumen
- die Tiere lernen, in einer Volierenanlage zurechtzukommen
- die Tiere sind gut einzufangen (für Impfungen und beim Ausstallen)
- der Stall ist gut zu reinigen
- den Tieren stehen von Anfang an Sitzstangen und Einstreu zur Verfügung

- auch im Eigenbau möglich.

Nachteile:
- mittlere Investitionskosten je nach Mechanisierungsgrad
- kein abgegrenzter Kotbereich.

7.3 Hygienemaßnahmen/Gesundheitsmanagement

Prof. Ute Knierim

7.3.1 Einleitung

Krankheiten, die unter Beteiligung von Bakterien, Mykoplasmen, Viren oder Parasiten entstehen, können sowohl aus Tierschutz- als auch wirtschaftlicher Sicht eine ernsthaft Gefährdung der Geflügelbestände darstellen. Darüber hinaus können sie Qualitätsbeeinträchtigungen der Produkte oder gar Gefährdungen der menschlichen Gesundheit mit sich bringen. Gerade von Tieren aus ökologischer Haltung erwarten die VerbraucherInnen, dass diese gesund sind und gesunde Lebensmittel liefern. Zur Gesunderhaltung eines Bestandes sollte grundsätzlich von zwei Seiten gleichzeitig angesetzt werden: Einerseits sind die Abwehrkräfte der Vögel zu fördern und andererseits ist der Infektionsdruck, der auf sie einwirkt, zu mindern. Zucht, Haltung und Fütterung, die an anderer Stelle behandelt werden, sind wesentliche Einflussfaktoren, die die unspezifische Infektionsabwehr der Vögel beeinflussen. Leider reichen aber gute Bedingungen in diesen Bereichen allein häufig nicht aus, um einen Geflügelbestand gesund zu erhalten; abgesehen davon, dass es nicht immer leicht und möglich ist, in jeder Hinsicht optimale Bedingungen zu sichern. Zudem können manche Bedingungen der ökologischen Tierhaltung, wie z. B. der Freilandzugang oder der stärkere Besucherverkehr auf direkt vermarktenden Betrieben, ein höheres Infektionsrisiko bedeuten. Im Folgenden werden Maßnahmen zu Steigerung der spezifischen Infektionsabwehr sowie zur Senkung des Infektionsdruckes dargestellt und diskutiert.

7.3.2 Steigerung der spezifischen Infektionsabwehr

Eine spezifische Infektionsabwehr gegenüber potenziellen Krankheitserregern entsteht durch eine Konfrontation des Organismus mit diesen Mikroorganismen, die zur Bildung von spezifischen Abwehrstoffen führt. Zu dieser Konfrontation kann es entweder auf natürlichem Wege oder durch Impfung kommen; die Küken werden auch mit Abwehrstoffen der Mutter versorgt. Eine natürliche Immunisierung spielt z. B. bei der Auseinandersetzung mit einigen Parasiten eine wichtige Rolle. Der Kontakt mit einer geringen Zahl von Parasiteneiern führt zu einer gewissen Immunität, die eine stärkere Ausbreitung der Parasiten im Tier verhindert. Dieser Status erlaubt es dem Tier, mit einer begrenzten Parasitenfracht problemlos zu leben. Allerdings kann dieses Gleichgewicht durch starken Infektionsdruck aufgrund ungünstiger hygienischer Verhältnisse (Feuchtigkeit und Wärme) oder eine Minderung der Abwehrkraft, z. B. durch Fütterungsmängel, anderweitige Erkrankungen oder Stressfaktoren, gestört werden und es kann dann zu einer parasitenbedingten Erkrankung kommen.

Zur Unterstützung der natürlichen Immunisierung gegen das bestandsspezifische Keimspektrum wird in manchen Betrieben gut kompostierte Einstreu aus dem vorherigen Durchgang eingebracht. Ob eine solche Maßnahme empfehlenswert ist, ist noch offen. Ohnehin ist sie nur vertretbar, wenn die Tiere vorher nicht erkrankt waren, aber es besteht grundsätzlich das Risiko, dass parasitäre Dauerstadien in der Einstreu eingeschleppt werden.

Einer Reihe schwerwiegender Erkrankungen kann heutzutage durch Impfung vorgebeugt werden. Gegen einige besteht sogar Impfpflicht, nämlich gegen Salmonellen für Aufzuchtbetriebe mit mindestens 250 Junghennen sowie gegen die Newcastle-Krankheit (atypische Geflügelpest ND) für alle Hühner- und Truthühnerbestände jeglicher Größe. Impfungen dürfen (nach der Tierimpfstoffverordnung) nur durch TierärztInnen vorgenommen oder veranlasst werden. Das ist deshalb wichtig, weil möglichst ausgeschlossen werden soll, dass kranke Tiere geimpft werden. Die Folgen können von einer Unwirksamkeit der Impfung bis zu zusätzlichen Gesundheitsproblemen reichen. Außerdem braucht der/die GeflügelhalterIn die tierärztliche Bescheinigung über

die durchgeführten Impfungen, die er oder sie aufbewaren und gegebenenfalls der zuständigen Behörde vorlegen muss (Nachweispflicht im Impfbuch).

In der ökologischen Hühnerhaltung wird kontrovers diskutiert, gegen welche Krankheiten über die rechtlich vorgeschriebenen Impfungen hinaus geimpft werden sollte. Impfungen können sehr wirksame Vorbeugemaßnahme gegen spezifische Erkrankungen sein. Ein eindrückliches Beispiel für die hohe Effektivität von Impfungen war der deutliche Rückgang der Verluste bei Legehennen nach

Krankheit	Verbreitung	Impfmethoden	Bemerkungen
Marek	weltweit	I	Einmalige Impfung von Eintagsküken in der Brüterei, St
Kokzidiose	weltweit	T/F	St
Newcastle (ND)	weltweit	T/Sp/I	Rechtlich vorgeschrieben, St
Gumboro	weltweit	T	St
Infektiöse Bronchitis (IB)	weltweit	T/Sp/I	St
Aviäre Enzephalomyelitis (AE)	weltweit	T	Legehennen und Elterntiere impfen, Ind
Mycoplasma gallisepticum (MG)	regional	I	Ind
Pocken	regional	Fl	Ind
Pasteurellose	regional	I	Ind
Geflügel-Schnupfen (Coryza)	regional	I	Ind
Salmonellen	weltweit	T/I	Rechtlich vorgeschrieben bei Beständen ab 250 Junghennen, St
Infektiöse Laryngotracheitis (ILT)	regional	T/A	St
Egg-Drop-Syndrom (EDS)	regional	I	Ind
Colibazillose	weltweit	I	Ind

Impfmethoden: I = Injektion, T = Trinkwasser, F = Futter, Sp = Spray, Fl = Flügelstich, A = Augentropfen.
Bemerkungen: Nach Auskunft von Junghennenaufzüchtern für die ökologische Hennenhaltung: St = Standard, Ind = betriebsindividuell oder auf Kundenwunsch.

Tabelle 36: Impfprogramm für Legehennen

Einführung der Impfung gegen die Mareksche Krankheit zwischen 1969 und 1970 um etwa 10% (pro 360 Tagen, Woernle u. Jodas, 2001). Manche Erregertypen, z. B. Bronchitis, bergen allerdings das Risiko, dass sich relativ schnell neue Stämme selektieren, die einen differenzierten Impfstoff benötigen. Als weiterer Aspekt sollte berücksichtigt werden, dass die Auseinandersetzung mit dem Impfstoff auch eine Belastung für die Tiere bedeutet. Immer wieder wird von Fällen mit Gesundheitsproblemen oder Ausbrüchen von Federpicken oder Kannibalismus nach Impfungen berichtet. Wie bereits erwähnt, ist es daher wichtig, nur gesunde Tiere zu impfen, aber auch z. B. bei Impfstoffgabe über das Trinkwasser die Tiere nicht zu lange dürsten zu lassen. Ebenfalls kann eine Vitamingabe nach der Impfung sinnvoll sein. Zudem sollten die Impfungen auf die Erkrankungen beschränkt werden, die in der Region zu Problemen führen können. Dennoch ist das üblicherweise empfohlene Impfprogramm für Legehennen, besonders für die Freilandhaltung, bedingt durch die geringere Abschirmung der Tiere, sehr umfangreich.

7.3.3 Verminderung des Infektionsdruckes

Um mögliche Infektionsketten zu unterbrechen, muss sowohl verhindert werden, dass Krankheitserreger in einen Betrieb eingetragen werden, als auch, dass sie sich im Betrieb dauerhaft ansiedeln oder vermehren können. Innerhalb des Betriebes ist hierfür das so genannte „all in – all out"-Verfahren eine sehr effektive Maßnahme, d. h. die gesamte Herde eines Stalls sollte den Betrieb verlassen haben, bevor wieder neue Tiere eingestallt werden. Vor der Neueinstallung müssen eine gründliche Reinigung, Desinfektion und eine Leerstehphase liegen (siehe EG-Öko-Verordnung).

Ein besonders hohes Übertragungsrisiko besteht, wenn mehrere Geflügelarten und Altersgruppen auf einem Betrieb gehalten werden. Zum Beispiel können Hühner, ohne selbst sichtbar zu erkranken, Überträger der Erreger (Histomonaden) der Schwarzkopfkrankheit bei Puten sein oder Enten des Newcastle-Krankheits-Virus, das bei Hühnern und – eingeschränkt bei Puten – zu Erkrankungen führen kann (atypische Geflügelpest). Darüber hinaus ist Wassergeflügel häufig Träger von Salmonellen ohne selbst zu erkranken, was in wesentlich geringerem Ausmaß auch auf die anderen Geflügelarten zutrifft. Eine Haltungssituation mit verschiedenen Geflügelarten oder Altersgruppen mit größeren Tierzahlen sollte also möglichst vermieden werden. Besteht sie aber, muss zumindest darauf geachtet werden, dass in jedem Stall stalleigene Schutzkleidung (einschließlich Schuhwerk) getragen wird, dass zwischenzeitlich die Hände gewaschen werden und dass als erstes die jüngeren Tiere (die in der Regel empfänglicher für Erkrankungen sind) sowie die

1. Nach Entfernen sämtlicher (auch toter) Tiere, ggf. Nager-, Insekten- und Milbenbekämpfung;

2. Entfernen von Mist und Einstreu;

3. Trockenreinigung (Abkehren oder Absaugen, ggf. Abkratzen der Flächen und Gegenstände von oben nach unten einschließlich Decken, Beleuchtungskörper, Ventilatoren oder Lufteinlässe usw., Entfernen aller Futter- und Wasserreste, Berücksichtigung von Ecken, Ritzen und Spalten);

4. Demontage der beweglichen Stalleinrichtung und Lagerung zur Reinigung auf befestigtem Platz außerhalb des Stalles;

5. Schutz, ggf. Abschalten wasserempfindlicher Einrichtungen;

6. Nassreinigung mit Einweichen (z. B. 2 bis 3 Stunden mit etwa 40 °C warmem Wasser und ggf. Reinigungsmittel aus Tabelle 38), Reinigung (z. B. mit Hochdruckreiniger, von oben nach unten und hinten nach vorne einschließlich fest eingebauter Einrichtungen wie Legenester), Nachspülen (nach Absetzen der Aerosole vom Hochdruckreiniger);

7. Abtrocknen des Stalls;

8. Durchführung notwendiger Reparaturen;

9. Kontrolle der Sauberkeit durch Inaugenscheinnahme, ggf. Nachreinigung;

10. Desinfektion des Stalls von oben nach unten und hinten nach vorne und der sauberen beweglichen Einrichtungen einschließlich Mistgabeln, Besen, Fahrzeuge usw. Beachte: Umgebungstemperatur, Konzentration der Gebrauchslösung, Ausbringmenge, Einwirkzeit; Sicherheitsbestimmungen (z. B. Tragen von Schutzbrille, Mund- und Nasenschutz);

11. Nachdesinfektion der geschützten wasserempfindlichen Einrichtungen mit Lappen;

12. Montage der beweglichen Stalleinrichtungen, Entfernen von Desinfektionsmittelresten aus Tränken und Trögen;

13. Abtrocknen des Stalles, Ruhezeit 4 bis 10 Tage, Betreten nur mit stalleigener Schutzkleidung.

Tabelle 37: Ablauf von Reinigung und Desinfektion im Geflügelstall unter Einbeziehung sämtlicher Lager und Vorräume, der Außenseite des Stalls und des Stallvorplatzes (nach Hafez u. Böhm, 2002)

empfindlicheren Geflügelarten wie Puten aufgesucht werden. Generell ist an den Stallausgängen eine Möglichkeit zur Stiefelreinigung vorzusehen, z. B. Wasserschlauch und -ablauf sowie Bürste, von der auch regelmäßig Gebrauch gemacht werden sollte. Auch Roste zum Abstreifen trockenen Drecks sind, auch als Erinnerung an die Stiefelreinigung, sinnvoll. Für die allgemeine vorbeugende Stallhygiene ist die Stiefelreinigung – auch des Sohlenprofils – sicherlich effektiver als das alleinige Durchlaufen einer Desinfektionswanne oder -matte.

Bei ungenügender Reinigung der Stiefel ist die Desinfektionswirkung ohnehin stark eingeschränkt, zumal die Einwirkzeiten in der Regel zu kurz sind und die Gebrauchslösung durch Verschmutzung schnell unwirksam wird. Separates Schuhwerk bzw. Kleidung ist natürlich am wirksamsten. Die bisher genannten hygienischen Vorsichtsmaßnahmen gelten in noch größerem Maße für BesucherInnen. Ein Betreten der Stallgebäude und unmittelbarer Kontakt mit den Tieren sollte möglichst vermieden werden. Wenn sie erfolgen, z. B. bei der tierärztlichen Betreuung, dann ist dringend je nach Fall stalleigene oder Einmalschutzkleidung zu empfehlen. Aber nicht nur Menschen fungieren als Überträger von Krankheitserregern, sondern auch Haustiere, die daher besser keinen Zugang zu den Geflügelställen haben sollten, und Wildtiere wie Vögel, Ratten, Mäuse, Fliegen oder Milben. Bei Freilandhaltung ist ein Kontakt mit Wildtieren nicht auszuschließen, es sollte aber im Stall und der Stallumgebung insbesondere durch Vermeidung von Nist- und Unterschlupfsplätzen sowie Futterangebot für die Wildtiere einer Ansiedlung und Vermehrung vorgebeugt werden. Ein sauberer und übersichtlicher Stall und eine solche Stallumgebung sind also auch unter dem Aspekt der Wildtierkontrolle wichtig. In den Ausläufen ist aus diesen hygienischen Gründen eigentlich davon abzuraten, Futter und Wasser anzubieten, auch wenn dies zu einer Verbesserung der Nutzung der Ausläufe beiträgt – hier muss eine Abwägung je nach individueller Betriebssituation erfolgen.

Generell ist die Auslaufhygiene ein problematischer Bereich, der hohe Anforderungen an das Management stellt (siehe auch Kapitel 7.7). Tritt im Bestand eine Erkrankung auf, ist die Entseuchung des Auslaufs meist sehr schwierig. Die Überlebenszeiten der Krankheitserreger, z. B. im Naturboden oder in Zwischenwirten sind in der Regel sehr lang. So wird bei einer Salmonellose bei Hühnern empfohlen,

Desinfektionswanne
Foto: Christoph Ziechaus

den Auslauf ein Jahr unbenutzt zu lassen. Eine mögliche Maßnahme ist es, zumindest im stallnahen Bereich die oberste Erdschicht (etwa 10 cm) abzutragen, Branntkalk auszubringen und einzuarbeiten und neuen Boden aufzufüllen (Hafez u. Böhm, 2002). Es gibt außerdem unbelebte Vehikel für Krankheitserreger, wie Staub (der z. B. bei der Übertragung der Marekschen Krankheit eine große Rolle spielen kann), Futtermittel oder Tränkewasser. Silo-Einrichtungen sollten in der Leerstandsperiode daher unbedingt auf Sauberkeit und Verpilzungen kontrolliert werden. Futter sollte außerdem nicht offen lagern, und auch hier ist eine fortlaufende Kontrolle und ggf. Bekämpfung von Mäusen, Ratten, Vögeln, Insekten und Milben wichtig, da über diese Tiere z. B. Salmonellen oder andere Krankheitserreger ins Futter eingetragen werden können. In den Futtertrögen sollte darauf geachtet werden, dass sie regelmäßig leer gefressen werden, damit die Tiere nicht zu altes, verkeimtes Futter aufnehmen; Restfutter gegebenenfalls beseitigen. Angepasst an die eingesetzten Tränkeformen sollten diese täglich, die Leitungen regelmäßig (besonders, wenn Präparate über das Trinkwasser verabreicht werden) gereinigt werden, da die Keimbelastung über das Wasser sonst erheblich werden kann. Gleichzeitig kann das Tränkwasser von Zeit zu Zeit zur Keimreduzierung mit Obstessig angesäuert werden. Das kann sich ebenfalls förderlich auf die Darmflora des Geflügels auswirken (ebenso wie Quark- oder Silagegaben). Der Zusatz von Pflanzenextrakten wie z. B. aus Oreganum in Futter oder Trinkwasser soll zusätzlich gegen Darm- und parasitäre Erkrankungen helfen.

Es soll hier noch erwähnt werden, dass fehlendes Quarzsandangebot (Grit) nicht nur das Risiko für Muskelmagenverstopfungen erhöht, sondern z. B. auch für das Anhaften einer Salmonelleninfektion. Normalerweise erfolgt im Muskelmagen eine gute Durchmischung des Nahrungsbreis mit der im Drüsenmagen produzierten Salzsäure und dem Pepsin zur Verdauung. Die säureempfindlichen Salmonellen oder auch andere mit der Nahrung aufgenommene Keime können hier abgetötet werden. Das funktioniert nicht oder eingeschränkt, wenn der Muskelmagen aufgrund von Steinchenmangel nur unvollständig arbeiten kann.

7.3.3.1 Ordnungsgemäße Desinfektion

Desinfektionsmaßnahmen muss eine gründliche Reinigung vorausgehen. Bereits durch die Reinigung können Keimbelastungen erheblich reduziert werden. Ein sehr gutes Hilfsmittel hierfür stellt der Hochdruckreiniger dar, der bei Gebrauch von warmem Wasser (z. B. durch Nutzung der Motorabwärme) noch effektiver hinsichtlich der Säuberung und Keimverminderung wird. Dampfreiniger können auch stark keimreduzierend wirken. Allerdings werden, anders als häufig erwartet, nicht so hohe Temperaturen erreicht, dass von einer desinfizierenden Wirkung ausgegangen werden kann. Der Dampf ist zwar zunächst etwa 140 °C heiß, kühlt sich aber bereits bei Austritt aus der Düse und bis zum Erreichen der Fläche stark ab. Erst ab Erreichen einer Temperatur von mindestens 60 °C über mehrere Minuten kann eine Desinfektionswirkung erreicht werden. In einer Untersuchung wurde nach Dampfstrahlereinsatz sogar eine Vermehrung von koliformen Bakterien auf höher gelegenen Balken festgestellt, möglicherweise durch Verwirbelung der Mikroorganismen mit den bei der Reinigung entstehenden Aerosolen an andere Stellen oder durch die Förderung ihres Wachstums durch die erhöhte Feuchte und Wärme.

Bei der Desinfektion werden in der Regel nicht alle Mikroorganismen abgetötet (dies wäre dann eine Sterilisation), sondern es geht um eine möglichst weitgehende Verminderung

- **Alkalische Mittel: Kalkmilch, Kalk, Branntkalk, Ätznatron, Ätzkali, Natriumkarbonat (Soda):**
  haben mit steigendem pH-Wert nicht nur eine reinigende (Natron- oder Kalilauge, Soda), sondern auch eine bakterizide und viruzide Wirkung, unwirksam z. B. gegenüber Mykobakterien; auch bei niedrigen Temperaturen nicht in Wirksamkeit eingeschränkt (unter 0 °C Salz als Gefrierschutz zusetzen). Laugen wirken allerdings korrosiv. So greift Natronlauge (1- bis 2prozentige Lösung von Ätzkali) je nach Konzentration und Temperatur zahlreiche Metalle, Kunststoffe und Glas an; Gummi ist gegenüber Laugen beständig. Dünne Kalkmilch (1 Teil Ca(OH)$_2$ + 20 Teile H$_2$O) ist sehr gut für desinfizierende Wandanstriche geeignet, muss immer frisch zubereitet und sofort verwendet werden.

- **Halogen: Natriumhypochlorit:**
  z. B. für die Tränkendesinfektion, Oxidation durch Chlor, relativ weites Wirkungsspektrum gegen Bakterien, Mykobakterien, Sporen, Pilzen und einen großen Teil der Virusarten.

- **Peroxidverbindungen: Wasserstoffperoxid, Peressigsäure:**
  breit gegen Bakterien, Bakteriensporen, Pilze und Viren wirksam. Peressigsäure hat einen stechenden Geruch und reizt die Schleimhäute, ist teilweise korrosiv und in der Gebrauchslösung wenig haltbar, hinterlässt aber keine toxischen Rückstände und wirkt temperaturunabhängig, vorherige Reinigung besonders wichtig.

- **Organische Säuren: Zitronensäure, Ameisensäure, Milchsäure, Oxalsäure, Essigsäure:**
  allgemein bakterizid und gegen säureempfindliche Viren, haben den Nachteil, dass sie gegenüber vielen Materialien sehr aggressiv wirken.

- **Aldehyd: Formaldehyd:**
  weites Wirkungsspektrum gegen Bakterien, Bakteriensporen, Pilze und Viren.
  Wird durch organisches Material und tiefe Temperaturen erheblich in Wirkung beeinträchtigt.
  Bei Temperaturen zwischen 20 und 10 °C muss die Konzentration mit sinkender Temperatur erhöht werden; unter 10 °C nicht mehr ausreichend wirksam. Eine mögliche krebsfördernde Wirkung wird diskutiert.

Tabelle 38: Wichtige nach EG-Öko-Verordnung zugelassene Reinigungs- und Desinfektionsmittel (Auswahl)

insbesondere potenzieller Krankheitserreger. Diese sind allerdings unterschiedlich empfindlich gegenüber den verschiedenen Wirkstoffen und es ist sinnvoll, bei spezifischen Gesundheitsproblemen die Desinfektionsmittelwahl mit dem/der betreuenden TierärztIN abzusprechen. Einige Informationen zu den zugelassenen Wirkstoffen finden sich in Tabelle 38.

Generell am widerstandsfähigsten sind Kokzidienoozysten, gefolgt von Bakteriensporen und Mykobakterien. So werden z. B. Wurmeier und Kokzidien nur sicher durch Phenolderivate wie Kresole oder Schwefelkohlenstoff abgetötet, die in der ökologischen Tierhaltung nicht zugelassen sind, oder durch sehr hohe Konzentrationen von Formaldehyhd.

Wird eine Desinfektion mit chemischen Mitteln nicht ordnungsgemäß durchgeführt, so wird sie ineffizient und somit in Abwägung zwischen Nutzen für die Tiergesundheit und Belastung der Umwelt nicht mehr vertretbar. Bei ordnungsgemäßer Anwendung können die Vorteile aber erheblich sein. Deshalb seien an dieser Stelle die Kernpunkte noch einmal aufgeführt:

- Der Stall und seine Einrichtungen müssen sauber sein (Oberflächenstrukturen deutlich erkennbar, Spülwasser schmutzfrei). Schmutzreste beeinträchtigen die Desinfektionswirkung durch mechanischen Schutz der Krankheitserreger und mögliche Reaktionen von Eiweißen mit den Chemikalien erheblich.
- Der Stall und seine Einrichtungen müssen trocken und frei von Reinigungsmittelresten sein.
  Wasserreste durch die Reinigung führen zu Verdünnungen der Desinfektionsmittellösungen und können dadurch deren Wirkung mindern. Reinigungsmittelreste können Desinfektionsmittel inaktivieren.
- Die Konzentration der Gebrauchslösung muss den Empfehlungen des Herstellers entsprechen.
- Die Ausbringmenge muss mindestens bei 0,4 l Gebrauchslösung/m² liegen.
- Die von der Deutschen Veterinärmedizinischen Gesellschaft (DVG [2003]) empfohlenen Einwirkzeiten müssen eingehalten werden.
  Dabei kann es ein Problem sein, wenn die Desinfektionslösung auf glatten senkrechten Flächen zu schnell abläuft oder bei hohen Temperaturen verdampft.
- Die Umgebungstemperatur muss beachtet und Konzentrationen der Gebrauchslösungen gegebenenfalls erhöht werden.
  Dies ist bei einigen Wirkstoffen wichtiger (z. B. Formaldehyd) als

bei anderen (z. B. Natronlauge, Peroxidverbindungen).
- Aus Gründen des Umweltschutzes sollte der Bedarf an Desinfektionsmittellösung vorher berechnet werden, damit nur geringe Reste anfallen. Diese müssen sorgfältig entsorgt werden (z. B. über die Gülle, wo sie verdünnt und abgebaut werden).

Selbst eine ordnungsgemäße Reinigung und Desinfektion kann aber ineffektiv werden, wenn die Stallumgebung und die Einrichtungsgegenstände nicht mit einbezogen werden und keine Kontrolle der Nager- und Insekten- bzw. Milbenpopulationen erfolgt.

Auch ein Leerstehenlassen des gesäuberten Stalles kann zu einer erheblichen Verminderung pathogener Mikroorganismen führen, allerdings in starker Abhängigkeit von der Temperatur und dem Reinigungsgrad des Stalles. So überlebt z. B. das Bronchitisvirus ein vierzehntägiges Leerstehenlassen des Stalles bei warmer Witterung in der Regel nicht, während Viren bei kühlerer Witterung oder gar Frost sogar jahrelang überleben können. E. Coli-Bakterien überlebten in Versuchen auf sauberen Flächen weniger als vier Wochen, auf verschmutzten Flächen aber bis zu sechs Monaten.

7.3.4 Schlussbemerkung

In der ökologischen Tierhaltung ist häufig ein Vorbehalt gegenüber „konventionellen" Hygienemaßnahmen zu bemerken. Kritisches Hinterfragen und Ausprobieren von Alternativen sind durchaus angebracht. Allerdings sollten, insbesondere angesichts steigender Bestandsgrößen und einer nicht immer befriedigenden gesundheitlichen Situation in den Herden, auch in der ökologischen Geflügelhaltung bewährte Grundsätze der Hygiene angewandt werden, um den Tieren unnötiges Leid zu ersparen und Verbraucherwartungen gerecht zu werden.

7.4 Stallroutine

Dr. Friedhelm Deerberg /
Dr. Rainer Timmler

Die Einhaltung und Überprüfung der Haltungsbedingungen sind Bestandteil des laufenden Managements. Grundsätzlich ist bei der Betreuung der Tiere zu unterscheiden nach täglich anfallenden Arbeiten und solchen, die in regelmäßigen Abständen auftreten. Eine große Bedeutung kommt den täglich wiederkehrenden Arbeiten zu; sie sind der Garant dafür, dass das Haltungssystem voll funktionsfähig ist.

Neubelegung

Bei der Neubelegung des Stalles ist im Vorfeld bei der Planung bzw. Bestellung der Tiere darauf zu achten, dass nicht gleichzeitig Küken bzw. Junghennen von verschiedenen Erzeugern in einem Gebäude eingestallt werden, um hygienischen Problemen

vorzubeugen. Weiterhin muss darauf geachtet werden, dass ein ordnungsgemäßer Transport der Tiere vom Erzeuger zum Betrieb gewährleistet ist. Das bezieht sich vor allem auf die Transporttemperatur in den Wintermonaten, aber auch die Futterversorgung der Küken bei längeren Transportzeiten. Letzteres trifft z. B. für importierte Putenküken (Kelly-Pute) zu, die neuerdings mit sogenanntem Prestarter-Futter, welches in die Transportboxen in Form von Futterballen geklebt wird, versorgt werden können.

Der Erfolg der späteren Aufzucht wird deutlich von der Stallvorbereitung bestimmt. Hierbei ist darauf zu achten, dass das Gebäude ausreichend früh vor der Ankunft der Tiere beheizt wird, um Kältestrahlung von den Wänden und Böden zu vermeiden. Die richtige Anordnung der Futter- und Tränkeinrichtung zueinander, das Auspolstern der Ecken mit Einstreumaterial zur Vermeidung des Erdrückens von Tieren, die Verwendung von Startertränken bzw. Futtertellern sind Maßnahmen, die sich letztlich positiv auf das Betriebsergebnis auswirken.

Reinigungs- und Desinfektionsmaßnahmen sind probate Mittel zur Krankheitsvorbeugung. Von der EG-Öko-Verordnung werden sie zwischen zwei Durchgängen, also vor der Stallneubelegung vorgeschrieben.

Tägliche Arbeiten

Nachfolgend sind die wichtigsten Parameter einer täglichen Kontrolle zusammengestellt.

Technik:

Es ist wichtig, die Technik ständig dahingehend zu überprüfen, ob die vorgegebenen Parameter eingehalten werden. Hilfreich ist hierfür eine Alarmanlage, die Stromausfälle bzw. Ausfälle von Teilsystemen meldet und somit ein schnelles Reagieren ermöglicht. Für eine bessere Übersicht und gegebenenfalls auch Rückverfolgbarkeit von Geschehnissen ist eine Liste nützlich, in der Messwerte u. Ä. dokumentiert werden.

- Fütterung
  Die ständige Überprüfung der Futter- und Tränkeeinrichtungen dient der Vermeidung von unnötiger Stressauslösung. Diese ist häufig Ursache für eine schlechte Abwehrlage und damit erhöhter Krankheitsanfälligkeit (sekundäre Krankheitsauslösung). Dazu gehört die Überprüfung der Füllstandes im Vorratssilo bzw. des Zwischenbehälters der automatischen Fütterung. Bei automatischer Fütterung sollte in bestimmten Zeitabständen auch die Funktionstüchtigkeit der Ein-/Ausschalter überprüft werden. Besonders wenn neues Futter eingefüllt wurde, sollten die Tiere zur Futterzeit vorbeugend beobachtet werden, so können frühzeitig grobe Fehler bei der Futterherstellung erkannt werden. In dem Zusammenhang ist die Erfassung der täglichen Futtermenge von großer Bedeutung. Regelmäßiges Entleeren und gegebenenfalls anschließendes Reinigen der Vorratsbehälter vermeidet eine Keimbelastung des Futters und verbessert gleichzeitig auch das Nachrutschen des Futters im Silo. Zum Nachweis der Futterqualität sollten von allen verwendeten Futtermischungen bzw. Einzelkomponenten Rückstellproben gezogen werden. Somit lassen sich Ansprüche an den Futterhersteller, im Falle von Qualitätsmängeln, belegen.

- Wasserverbrauch
  Ein täglicher Blick auf die Wasseruhr zeigt nicht nur den Wasserverbrauch der Tiere an, sondern ist gleichzeitig ein signifikantes Indiz für die Funktionsfähigkeit der gesamten Wasserversorgung. Sich rasch drehende Zeiger oder Zählwerke deuten z. B. auf ein Leck hin. Regelmäßiges Reinigen des Wasserrohres und der Auffangschalen oder Cups verbessert die Funktionsfähigkeit der Anlage und sichert eine entsprechende Wasserqualität.

- Stallklima: Ventilatoren/Lüftung; Stalltemperatur (Tag/Nacht); relative Luftfeuchtigkeit
  Schlechtes Stallklima (erhöhte Schadgaskonzentration, zu hohe Luftgeschwindigkeiten) wirken sich ebenfalls als Stressfaktoren aus und müssen schnellstens korrigiert werden, damit keine

chronischen Erkrankungen entstehen (meist in den Atemwegen). Hierbei ist zu beachten, dass diese Parameter im Aufenthaltsbereich der Tiere (5 bis 50 cm über der Einstreu, in Abhängigkeit von der Tiergröße) kontrolliert werden. Eine ausreichende Luftaustauschrate des Lüftungssystems muss die erforderliche Sauerstoffversorgung im Stall jederzeit gewährleisten können. Dabei ist eine mögliche Absenkung der Stalltemperatur das kleinere Übel gegenüber einer zu hohen Schadgaskonzentration. In Aufzuchtställen, in denen zeitweilig nur geringe Temperaturschwankungen toleriert werden können, muss der Wärmehaushalt des Stalles durch Isolierung und Zusatzheizung abgestimmt werden. Beißender Ammoniakgeruch oder starke Staubbelastung der Stallluft sind Anzeichen für eine Überprüfung des Stallklimas. Lüftungsrate und Luftfeuchtigkeit sind anzupassen. Im Extremfall sind verkürzte Entmistungsintervalle und Austausch der Einstreu im Scharrbereich unabdingbar.

- Betriebssicherheit
  Zur Überprüfung der Betriebssicherheit gehört die Kontrolle oder Abfrage von Zeitschaltuhren auf die gewünschten Einstellungen und Schaltfähigkeit. Im Vordergrund steht hier die Stallbeleuchtung, die auf Zeitdauer, aber auch Beleuchtungsintensität überprüft werden muss. Bei umfassender

Automatisierung kommt die Steuerung des Nestzugangs und der Auslaufklappen hinzu. Dabei ist große Aufmerksamkeit darauf zu verwenden, dass die Uhren in der richtigen Reihenfolge aufeinander abgestimmt sind. Dies insbesondere dann, wenn die Beleuchtungsphase verändert wird. Bei einem vorhanden Notfall-Alarmsystem ist dessen Einsatzbereitschaft ebenfalls zu überprüfen. Auch die Geräuschkulisse der Technik kann dem geübten Ohr Auskunft über die Betriebssicherheit geben. So kündigen z. B. schleifende Geräusche eines Ventilators eine zu dicke Staubschicht im Abluftschacht oder das nahende Ende des Lagers an. Ähnliches betrifft auch die Fördertechnik des Futter. Zur Betriebssicherheit können aber auch Maßnahmen wie die Abschaltung der Wasserversorgung im Außenbereich bei Frostgefahr oder die Abdeckung von frost- oder wassergefährdeter Entmistungstechnik gehören.

Tiere:

Der Gang durch den Stall dient neben der Überprüfung der Technik aber vor Allem der „Begutachtung" der Tiere im Stall.

- Lautäußerungen
Schon vor dem Betreten des eigentlichen Stallabteils können die Lautäußerungen der Tiere einen Eindruck über ihre Aktivität(en) vermitteln. Lautes Gackern als grobe Geräuschkulisse vermittelt ein lebhaftes Treiben im Stall. Das Gegenteil ist bei völliger Dunkelheit und Nachtruhe zu erwarten. Dann ist es so ruhig im Stall, dass Geräusche von Erkrankungen der Atemwege gehört werden können.

- Verhalten(sänderungen)
Bei den Kontrollgängen ist es wichtig, das Verhalten (z. B Eiablage, Aufbaumen, Futteraufnahme, Auslaufnutzung, Verteilung im Stall) der Tiere zu beobachten und Abweichungen zu erkennen. Werden unerwünschte Veränderungen nicht rechtzeitig erkannt und die Ursache nicht ausfindig gemacht, können irreversible Abweichungen erfolgen. Nur durch sofortiges Einleiten von Gegenmaßnahmen können Verschlechterungen oder gar Krankheiten vermieden werden. Veränderungen im Eiablageverhalten werden sehr schnell erkannt und abgestellt. Ebenso Veränderungen bei der Futteraufnahme, da sie unmittelbar bei den wirtschaftlich relevanten Faktoren der Legeleistung zur Wirkung kommen. Ei-

ne verringerte Futteraufnahme ist Anlass die Qualität des Futters zu überprüfen. Aufgeregtes Gackern zur regulären Fütterungszeit kann darauf hindeuten, dass den Tieren kein Futter (mehr oder noch nicht) zur Verfügung steht. Dann muss die Technik überprüft werden.

- Äußeres Erscheinungsbild
Änderungen sind aber auch im Erscheinungsbild der Hennen festzustellen. Blasse Kämme, putzen der Nasenöffnung oder stumpfes Gefieder sind Vorboten von Krankheiten oder anderen Fehlzuständen. So sollten auch täglich stichprobenartig Tiere auf Anwesenheit von Ektoparasiten überprüft werden. Bei höheren Stalltemperaturen vermehren sich die Ektoparasiten verstärkt, deshalb sollten Risse und dunkle Bereiche der Einrichtung z. B. häufiger auf die Rote Vogelmilbe überprüft werden. Auch eine verschlechterte Nestgängigkeit, Meidung der Sitzstangen und der Futtertröge können darauf hin deuten. Empfehlenswert ist eine vorbeugende Untersuchung von Tieren und Kotproben in festen Zeitabständen (mindestens einmal pro Quartal). Bei Tieren, deren Abgangsursache unerklärlich ist oder bei spontanen starken Leistungseinbrüchen und vermehrtem Auftreten erkrankter Tiere sind in jedem Fall sofortige veterinärmedizinische Untersuchungen und Diagnosen erforderlich.

- Gewicht
  Die Verfolgung der Körpergewichtsentwicklung ist ein wichtiges Hilfsmittel zur Beurteilung der Tiere, das vielfach unterschätzt wird. Bei eingespielter Vorbereitung ist der zeitliche Aufwand in guter Relation zum Nutzen. Pro Herde sollten 30 bis 40 Tiere gewogen werden. Bei Jungtieren sollte dies wöchentlich erfolgen; bei älteren Tieren (Legehennen) kann ein monatliches Wiegen ausreichend sein.

- Stallkarte
  Die Stallkarte ist unabdingbar und muss täglich geführt werden. Sie dokumentiert im Minimum die wichtigsten Leistungsparameter der Herde. Dazu gehören Tierzahl, Anzahl der Abgänge, Futterverbrauch, Wasserverbrauch, und die Legeleistung differenziert nach Gesamteizahl und Schmutz-/Knickeiern. Sinnvoll ist es jedoch die Parameter zu ergänzen oder noch zu unterteilen, da mit der Minimalvariante die Eigenarten der Herde nicht ausreichend beschrieben werden. So ist für die Beschreibung des Leistungsniveaus und der Wirtschaftlichkeit auch entscheidend zu wissen, wie die Eigrößenverteilung ist. Somit müsste das Sortierergebnis der Herde mit erfasst werden. Bei den Verlusten muss im Minimum eine Anmerkung gemacht werden; besser wären Kategorien wie z. B. „Herz/Kreislauf" (HK) oder „Raubwild" (Fuchs, Greifvogel) oder „Technik" (T).

Routinen bei außerordentlichen Ereignissen

Außerordentliche Ereignisse sind solche, die aufgrund externer Einflüsse i. d. R. nicht nur den eigenen Betrieb, sondern auch andere Betriebe betreffen können. Typisches Beispiel hierfür sind großräumige Seuchenverbreitungen. Hierbei können außerplanmäßig Reinigungs- und Desinfektionsmaßnahmen während der Belegungsphase erforderlich werden. Andere außerordentliche Ereignisse sind zum Beispiel Überschwemmungen der Auslaufflächen oder gar ein Brand. Ein unangenehme Begleiterscheinung dieser Ereignisse ist die Tatsache, dass die Tiere häufig in ihrem bisher gewohnten Tagesablauf gestört werden. Demzufolge ist in dieser kritischen Zeit dem Verhalten der Tiere größere Aufmerksamkeit zu gewähren. Auf eine regelmäßige Bekämpfung von Schadnagern ist besonders zu achten. Dabei ist eine Buchführung empfehlenswert, mit deren Hilfe der Befall und der Bekämpfungserfolg dokumentiert werden. Bei großem Druck oder enger zeitlicher Wiederholung sollten in jedem Fall Fachkräfte zu Rate gezogen werden.

7.5 Legepause

Dr. Friedhelm Deerberg

Die Legepause soll den natürlichen Vorgang der Mauser bei Vögeln ermöglichen. Unter Mauser wird im Allgemeinen der Gefiederwechsel verstanden, der für die Erneuerung des Federkleides erforderlich ist. Ein intaktes und gut zu pflegendes Federkleid ist wichtig für das Wohlbefinden und die Konstitution des Geflügels.

Für den ökologisch wirtschaftenden Legehennenhalter bietet die Mauser oder Legepause die Möglichkeit, dass sich seine Legehennen in einem bestimmten Zeitraum ganz auf die Regeneration des Körpers zum Aufbau neuer Körperreserven, eines funktionsfähigen Gefieders und Stärkung der körpereigenen Abwehr beschränken können. Die Legepause unterscheidet sich von einer Zwangsmauser, die auf eine kurzfristige wirtschaftlich bedingte Einschränkung der Legetätigkeit abzielt. Eine Zwangsmauser wird in der Regel durch den Entzug von Licht und kurzfristigem Futter- und Wasserentzug eingeleitet und führt damit abrupt zur gewünschten Unterbrechung der Legetätigkeit. Laut VO (EG) 1804/99 müssen die Tiere jedoch jederzeit „ungehinderten Zugang zu den Futterstellen und Tränken haben und es muss immer ein ausreichender Tageslichteinfall gewährleistet sein".

Möglichkeiten einer Legepause

Das Leistungspotenzial einer bereits erfolgreichen Legehennenherde kann so z. B. weiterhin genutzt werden. Die Dauer der zweiten Legeperiode beträgt etwa 6 bis 8 Monate. Dabei werden anfänglich Legeleistungen von 70 bis 80 % wieder erreicht. In diesem Fall wird eine erneute Eingewöhnungsphase der Tiere an die Stallumgebung nicht unbedingt erforderlich. Es ist aber auch denkbar, die Althennen im Verlauf der Legepause in einen anderen Stall umzustallen und dort die nächste Legeperiode zu absolvieren. Betriebswirtschaftlich kann dies von Bedeutung sein, wenn die beiden Ställe aufgrund ihrer Einrichtung erhebliche Unterschiede in den Stallplatzkosten aufweisen oder die betriebliche Organisation positiv beeinflusst wird. Ein weiterer Ansatzpunkt für die Durchführung einer Legepause kann eine einsetzende Bestandsmauser sein, die sich erfahrungsgemäß über einen langen Zeitraum hinzieht. Ursachen für das dadurch verursachte miserable Erscheinungsbild der Hennen sind häufig das Zusammentreffen von Stressfaktoren. Unter diesen Voraussetzungen bietet die Legepause die Möglichkeit, dass die Hennen ihr Federkleid wieder herstellen können und der Hennenhalter die verursachenden Stressfaktoren für die nächste Legeperiode beseitigen kann. Der legefreie Zeitraum einer Legepause kann aber auch gut für eine Therapie der Hennen genutzt werden. Einerseits fällt in diesem Zeitraum die Belastung durch das Legen für die Tiere weg, andererseits können keine Probleme bei der Eierverwertung auftreten.

Schließlich kann die Legepause in Abhängigkeit vom Zeitpunkt auch für die Anpassung der Eiervermarktung genutzt werden, da über einen gewissen Zeitraum die Eierproduktion der Herde eingestellt ist.

Die Vorteile für Hennen und Halter lassen sich wie folgt zusammenfassen:

- Geringere anteilige Hennenkosten pro Ei, da sich die Anschaffungskosten der Junghenne auf eine wesentlich größere Anzahl von Eiern verteilen lassen (Stückkostendegression).
- Mit weniger Junghennenküken fallen auch weniger Hahnenküken an (Ressourcenschonung).
- Eine gute Herde in altvertrauter Umwelt ist wesentlich einfacher zu handhaben. Dies kann bedeutend sein, wenn Arbeitszeit befristet eingeschränkt ist (Herdenmanagement).
- Geringere Futteransprüche, da die Alttiere ausgewachsen sind und bereits über einen großen Verdauungstrakt verfügen, der ein größeres Aufnahmevermögen hat. Hier können teurere Zukaufskomponenten reduziert werden und damit auch anteilige Futterkosten pro Ei insgesamt (Kostenreduktion).
- Bei Beibehaltung des üblicherweise eingesetzten Legehennenfutters kann ein höherer Anteil größerer Eier erwartet werden, da die Hennen nach der Legepause häufig mehr Futter aufnehmen. Dies kann dann von Vorteil sein, wenn große Eier stark nachgefragt und kleine Eier ("S") nicht absetzbar sind (Erlössituation).
- Besserer optischer Eindruck durch ein abdeckendes Federkleid.
- Verbesserte Konstitution durch Regeneration und Aufbau von Körperreserven. Dabei ist das Auffüllen der Mineralstoffreserven im Skelett wichtig, da diese z. B. bei der Eischalenbildung wieder gefordert sind. Ansonsten besteht die Gefahr, dass die Eier zu schnell an Stabilität verlieren, weil sie zu dünnschalig werden.
- Therapie und Medikamentation ohne Eierproduktion, Stressverringerung.

Aufbau und Vorgehensweise

1. Vorbereitungsphase
   In diesem Abschnitt wird durch Untersuchung von Blut, Kot und/oder Tier(e) bestimmt, ob dringende Therapien erforderlich sind. Hierzu können z. B. die Behandlungen von Endo- und Ektoparasiten, Impfungen usw. herangezogen werden, die nach Einstellung der Legetätigkeit durchgeführt werden können. Werden für die Legepause Futterkomponenten benötigt, die üblicherweise nicht auf dem Betrieb eingesetzt werden, so müssen diese rechtzeitig bestellt und beschafft werden. Ferner ist

abzuklären, wie die Eierversorgung gesichert wird und ausselektierte Althennen verwertet werden können. Bei Umstallung in einen anderen Stall muss dieser bezugsfertig hergerichtet werden.

2. Umstellungsphase
Mit der Umstellungsphase beginnt für die Legehennen die Legepause. Die Zusatzbeleuchtung ist für die Dauer der Legepause nicht mehr erforderlich und wird demzufolge ausgeschaltet. Die Fütterung bzw. Rationsgestaltung muss nun abgeändert werden. Das bisher angebotene Legehennenfutter wird nicht benötigt, damit die Hennen die Eierproduktion auch wirklich beenden können. Die Erfahrungen haben gezeigt, dass es sehr nützlich ist, wenn den Hennen während der Legepause zusätzlich Kochsalzlösung und Mineralstoffe zur freien Aufnahme angeboten werden.

3. Regenerationsphase
Die Regenerationsphase beginnt mit dem Abklingen der Legetätigkeit. Dieser Zeitpunkt lässt sich nicht genau im Voraus bestimmen. Der Rückgang kann im besten Fall bis auf Null gehen; bis 10 Prozent sind nach bisherigen Erfahrungen aber auch noch gut zu akzeptieren. Die Zeitdauer für den Rückgang ist normalerweise im Bereich von 10 bis 15 Tagen angesiedelt. Ab diesem Zeitpunkt muss die Futterversorgung auf eine höherwertige Nährstoffversorgung abzielen. Zu erreichen ist dies mit einem Junghennenaufzuchtfutter, das die Tiere mit den erforderlichen Aminosäuren versorgt. Je nach vorheriger Rationsplanung ist u. U. eine anfängliche Rationierung des Junghennenfutters erforderlich. Dies ist besonders dann der Fall, wenn noch eine Legeleistung oberhalb von 10 Prozent vorliegt und diese nicht verfrüht ansteigen soll. Ein weiteres Ansteigen der Legeleistung hätte dann die sofortige Umstellung der Fütterung auf Legehennenfutter zur Konsequenz. Damit hätten die Hennen dann aber vermutlich nicht genügend Zeit zur Bildung ausreichender Reserven gehabt. In dieser Phase können dann auch die zuvor bestimmten und festgelegten Behandlungen oder Kuren durchgeführt werden.

4. Neustart
Der Neustart ist mit dem Beginn oder ansteigender Legetätigkeit verbunden. Ab diesem Zeitpunkt müssen die Hennen unbedingt wieder mit Legehennenfutter voll versorgt werden. Nun muss auch die Zusatzbeleuchtung entsprechend der Jahreszeit wieder abgestimmt und eingeschaltet werden. Je nach Vermarktung der Eier kann die Fütterung nun geändert werden und gegebenenfalls auf einen geringeren Anteil großer Eier abgestimmt werden. Es empfiehlt sich jedoch damit so lange zu warten, bis die Herde ihr Leistungsmaximum erreicht hat und das Federkleid komplett ist.

Beispiel für den Aufbau einer Legepause

1. Organisatorisches: Futterkomponenten besorgen, Schlachttiere aussortieren, Untersuchungen und Behandlungsplan, Eiervermarktung sicherstellen.
2. Absetzen der Legehennenmischung.
3. Abschalten der Zusatzbeleuchtung, nur noch Tageslicht! Vitamin-C-Gabe ins Trinkwasser, zusätzlich Bereitstellung von gesättigter Kochsalzlösung in Eimern. Während der Legepause sollten die Tiere tagsüber freien Zugang zum überdachten Minimalauslauf haben. Im Scharraum und/oder Pavillon sollten ungeöffnete Stroh- und Heuballen aufgestellt werden.
4. Füllen der Futteranlage mit Weizenkleie (mindestens 1 Woche, danach u. U. Gerstenschrot) und Beibehaltung der bisherigen Fütterungszeiten bis die Hennen keine Eier mehr legen (10 bis 15 Tage).
5. Fütterung siehe Tabelle 39.
6. Ab Anfang der 3. Woche bzw. wenn die Legeleistung praktisch Null ist, Futteranlage mit Aufzuchtfutter rationiert füttern: 70 g pro Henne und Tag plus 30 g Hafer. Nun, falls erforderlich, Impfungen und Behandlungen durchführen.
7. Ab der 4. Woche 80 bis 90 g Aufzuchtfutter und 30 g Hafer pro Henne.
8. Ab der 5. Woche 90 bis 100 g Aufzuchtfutter und 30 g Hafer bis die ersten Hennen wieder mit dem Legen beginnen.
9. Mit dem Legeneubeginn (ab etwa 10 Prozent Legeleistung der Herde) Futteranlage mit Legemischung füllen und die Körnergabe gegebenenfalls auf 20 g pro Henne herabsenken. Verabreichung von Vitaminen ADE über Trinkwasser.

Tag	Beleuchtung	Mischfutter	Körner	Ergänzungen / Sonstiges
1	Umschaltung	Weizenkleie	10 g Hafer/T/Tag	• Vitamin C ins Trinkwasser
2	auf	30 bis 50 g/Tier/Tag	11 g Hafer/T/Tag	• ständig freier Zugang überdachten Auslauf
3	normales	in die Futteranlage	12 g Hafer/T/Tag	• zusätzlich Mineralstoffmischung
4	Tageslicht	Steuerzeiten	15 g Hafer/T/Tag	zur freien Aufnahme in Automaten anbieten
5		beibehalten	15 g Hafer/T/Tag	
6			15 g Hafer/T/Tag	• Salzlösung zur freien Aufnahme in
7			20 g Hafer/T/Tag	zusätzlichen Gefäßen anbieten
8			20 g Hafer/T/Tag	• Grünauslauf entsprechend Witterung
9		Falls Weizenkleie	20 g Hafer/T/Tag	
10		aufgefressen weiter	25 g Hafer/T/Tag	
11		mit Gerstenschrot	25 g Hafer/T/Tag	
12		bis Legeleistung	25 g Hafer/T/Tag	
		ungefähr bei 5%		
13			30 g Hafer/T/Tag	
14		Aufzuchtfutter	30 g Hafer/T/Tag	
15		Circa 70g/T/Tag	30 g Hafer/T/Tag	
16		Circa 70g/T/Tag	30 g Hafer/T/Tag	
17		Circa 70g/T/Tag	30 g Hafer/T/Tag	
18		Circa 70g/T/Tag	30 g Hafer/T/Tag	• ggf. Behandlungen nach Befund
19		Circa 70g/T/Tag	30 g Hafer/T/Tag	• Wurm-, Coli-Behandlungen, Impfungen
20		Circa 80g/T/Tag	30 g Hafer/T/Tag	
21		Circa 80g/T/Tag	30 g Hafer/T/Tag	
22		Circa 80g/T/Tag	30 g Hafer/T/Tag	• Wechsel der Einstreu nach Coli- oder
				Wurmbehandl.
23		Circa 80g/T/Tag	30 g Hafer/T/Tag	
24		Circa 80g/T/Tag	30 g Hafer/T/Tag	
25		Circa 90g/T/Tag	30 g Hafer/T/Tag	
26		Circa 90g/T/Tag	30 g Hafer/T/Tag	• Abschluss der Behandlungen!
27		Circa 90g/T/Tag	30 g Hafer/T/Tag	• Vitamine ADE ins
28		Circa 90g/T/Tag	30 g Hafer/T/Tag	Trinkwasser
29		Circa 90g/T/Tag	30 g Hafer/T/Tag	• Einstreu ergänzen oder austauschen
30		Circa 100g/T/Tag	30 g Hafer/T/Tag	
31		Circa 100g/T/Tag	30 g Hafer/T/Tag	• Nesterkontrolle
32		Circa 100g/T/Tag	30 g Hafer/T/Tag	
33		Circa 100g/T/Tag	30 g Hafer/T/Tag	
34		ab 15% Legeleistung	30 g Hafer/T/Tag	
35		Legehennenfutter I	20 g Hafer/T/Tag	
36	Einschalten		20 g Hafer/T/Tag	
37	Beleuchtung			

Tabelle 39: Ablauf einer Legepause

7.6 Vermeidung von Federpicken
Monique Bestman

Einführung

Unter Federpicken versteht man das Ausreißen und auch Auffressen von Federn eines anderen Huhns. Es ist eine Form abweichenden Verhaltens, das durch unterschiedliche Faktoren verursacht werden kann: durch Fehler in der Aufzucht, dem Management oder der Unterbringung, durch Nährstoffmangel oder auch einfach aus Langeweile. Vor allem die Aufzucht ist von Bedeutung, denn haben sich Hühner dieses Verhalten einmal angewöhnt, hören sie nicht mehr damit auf.

Ein Federpicker ist ein ziemlich aktives Tier. Es läuft von einem Huhn zum andern, um Federn auszurupfen. In der Regel werden Federn am unteren Teil des Rückens und oberhalb des Schwanzes herausgepickt. Wenn dort die Federn bereits fehlen, folgen andere Körperteile. Mehrere Faktoren können zur Verbreitung des Federpickens in einer Gruppe beitragen: Erstens kann das Federpicken, das anfänglich von einem einzigen Tier praktiziert wird, Unruhe erregen, wodurch mehr Hühner zum Federpicken angestachelt werden. Zweitens kann ein Huhn, das einem andern beim Federpicken zusieht, dieses Verhalten nachahmen. Und drittens verlockt ein beschädigtes Gefieder zum Federpicken.

Federpicken kommt in allen Haltungssystemen vor. Auch wenn Hühner mehr Platz haben als in einem herkömmlichen Batterie- oder Bodenhaltungssystem und sie über Legenester, Sitzstangen, Gelegenheit zum Scharren und einen Auslauf verfügen, kann Federpicken ernste Formen annehmen. Bei frei laufenden Hühnern stellt das Federpicken sogar ein größeres Problem dar als in Batterien: Zum einen können frei laufende Federpicker in einer großen Gruppe mehr Opfer fordern, während durch die kleine Gruppengröße (5 Tiere pro Käfig) sich das Verhalten nicht so leicht über den ganzen Stall verbreitet.

Foto: Monika Bestman

Das Verhalten von Hühnern wird zum anderen durch das Lichtregime im Stall beeinflusst; bei weniger Licht sind sie in ihrer Aktivität eingeschränkt. Allerdings ist eine Lichtreduzierung lediglich Symptombekämpfung.

Nicht nur das Huhn leidet an den Folgen des Federpickens, es kann auch hohe Kosten mit sich bringen, selbst wenn die Legeleistung nicht beeinträchtigt wird und es nicht zu einem erhöhten Ausfall kommt. Ein Huhn mit kahlen Stellen hat schließlich zur Aufrechterhaltung seiner Körpertemperatur einen bis zu 25 % höheren Futterbedarf. Eine Faustregel lautet, dass für jeweils 10 % Federn, die ein Huhn verliert, täglich 4 Gramm Futter zusätzlich nötig sind. Im Fall von Hühnern, die sich viel bewegen und im Freien laufen, muss diese Menge noch erhöht werden.

Federpicken und Schnabelbehandlung

Kupierter Schnabel
Foto: Monique Bestman

In der konventionellen Landwirtschaft versucht man Federpicken durch das Stutzen des Schnabels in Schranken zu halten. Je nach Alter und Schwere des Eingriffs ist dies mit mehr oder weniger Schmerzen und Stress für das Tier verbunden. Darüber hinaus ist es nicht so, dass bei gestutzten Tieren überhaupt kein Schaden durch Federpicken vorkommt. In Europa wurden mehrere Untersuchungen nach dem Vorkommen von Federpicken auf extensiv bewirtschafteten Höfen durchgeführt, die darauf hinweisen, dass in 75 % der nicht kupierten Gruppen ein gewisses Maß an Federpicken vorkommt, gegenüber immerhin 50 % bei kupierten Hennen. Nicht zuletzt ist das Kürzen des Schnabels Symptombekämpfung, da lediglich der durch das Federpicken verursachte Schaden beschränkt wird, die Verhältnisse, die den Stress – und damit das Federpicken – bewirken, jedoch bestehen bleiben. Aus all diesen Gründen ist das Schnabelkürzen in der ökologischen Haltung verboten.

Missverständnisse bezüglich des Federpickens

Das erste Missverständnis ist die Gleichsetzung des Federpickens mit aggressivem Verhalten. Aggressives Picken richtet sich in der Regel auf Kopf und Nacken und gerade nicht auf den Bereich direkt oberhalb des Schwanzes. Auch wird bei aggressivem Picken nicht beobachtet, dass der Täter systematisch ein Opfer nach dem anderen aufsucht. Ein gewisses Ausmaß an aggressivem Verhalten ist zudem normal (Sozialverhalten: Rangauseinandersetzungen).

Das zweite Missverständnis bezieht sich auf den Zusammenhang zwischen Federpicken und Kannibalismus. Oft wird beides im Zusammenhang genannt, was nicht unbedingt berechtigt ist. Zwar lassen sich Federpicken und Kannibalismus zum Teil auf die gleichen Ursachen zurückführen, doch können die Kannibalen andere Tiere sein als die Federpicker. Federpicken kann in einer Gruppe von Hühnern ernste Formen annehmen, ohne dass dabei Kannibalismus vorkommt. Umgekehrt kann es zum Kannibalismus kommen, während den Hühnern nicht die kleinste Feder fehlt. Dies ist dann die Folge unglücklicher Umstände wie zum Beispiel das Einreißen der Kloake durch zu große Eier oder Krankheiten mit blutigem Durchfall. Hühner, die Bodeneier legen, laufen ein erhöhtes Risiko, dem Kannibalismus zum Opfer zu fallen, da die nach der Eiablage noch ausgestülpte Kloake Aufmerksamkeit erregt. Jedoch kann es bei Tieren, die bereits Gefiederschäden aufweisen, in der Tat schneller zu Verwundungen durch Picken kommen. Diese können ihrerseits zum Kannibalismus reizen.

Das dritte Missverständnis betrifft den Zusammenhang zwischen Federpicken und sichtbarem Gefiederschaden. Gerade während der Aufzucht können die Federn schneller nachwachsen, als sie ausgerupft werden. Die Hennen sehen dann optisch gut aus; doch ob tatsächlich kein Federpicken vorkommt, ist erst durch Beobachtung der Tiere zu klären.

Federpicken und Erblichkeit

In der ökologischen Geflügelhaltung werden die gleichen Legehybriden eingesetzt wie in der konventionellen Haltung. Es gibt Hinweise darauf, dass die zurzeit genutzten Linien eher zum Federpicken neigen als Rassegeflügel, weil sie auf einen frühen Legebeginn und eine hohe Legeleistung gezüchtet worden sind, mithin hohem physiologischen Stress ausgesetzt sind. Trotzdem gibt es Beispiele ökologischer Betriebe, wo große Gruppen moderner Hybriden gehalten werden, ohne dass es zum Federpicken kommt; Unterbringung und Management haben offensichtlich großen Einfluss auf das Ausmaß des Federpickens.

Die Forschung hat gezeigt, dass Federpicken zu einem geringen Teil erblich bedingt ist. Theoretisch kann daher unter diesem Gesichtspunkt selektiert werden, doch in der Praxis erweist sich dies wegen des niedrigen Erblichkeitsgrades und der Schwierigkeit, die Selektionsmerkmale messbar zu machen, als problematisch; möglicherweise würde es auch auf Kosten der Produktionsmerkmale gehen. Das Züchten einer Linie, in der wenig Federpicken vorkommt, nimmt ohne Weiteres zehn Jahre in Anspruch. Auch haben Züchter bis vor kurzem Federpicken häufig mit Aggression oder Kannibalismus verwechselt und darauf selektiert. Federpicken, Aggression und Kannibalismus sind jedoch unterschiedliche Verhaltensweisen (s. o.).

Stalleinrichtung und Management
Nachfolgend werden Ansatzpunkte und Maßnahmen bei der Einrichtung des Stalles und dem Management aufgezeigt, die Federpicken entgegenwirken können.

Gruppengröße und Besatzdichte
Es gibt ökologische Volierenställe mit Gruppen von 3.000 Hennen, bei denen kein Federpicken vorkommt. Demgegenüber wurden kleine Gruppen Hühner beobachtet (200 bis 700 Tiere), bei denen das Federpicken ein beträchtliches Ausmaß angenommen hatte. Es ist schwierig, eine optimale Gruppengröße anzugeben. Wichtiger sind die Verhältnisse, unter denen die Tiere gehalten werden. Kleine Gruppen lassen sich allerdings besser beobachten und lenken. Für die Besatzdichte, die Zahl der Tiere pro Quadratmeter Stallfläche, gilt das gleiche wie für die Gruppengröße. Es ist schwierig zu sagen, ob die für ökologische Hühner zugelassene maximale Besatzdichte von 6 Tieren pro Quadratmeter zu hoch ist. In Betrieben, in denen eine große Anzahl Tiere gehalten wird und wo gleichzeitig die Besatzdichte den zugelassenen Höchstwert erreicht, wird zwar mehr Federpicken beobachtet, doch ist dies zugleich die Gruppe von Betrieben, die als Letzte auf die ökologische Bewirtschaftung umgestellt hat. Wichtig ist, dass die Tiere den Außenbereich nutzen wollen und können. Dann haben sie mehr zu tun, und die pro Tier verfügbare Bewegungsfläche wird größer. Eine Bereicherung ihrer Umgebung durch eine verlockende Gestaltung von Stall und Auslauf und ab und zu einen neuen Zeitvertreib ist bei großen Gruppen und einer hohen Besatzdichte (6 Tiere pro Quadratmeter) von essenzieller Bedeutung.

Hähne
Wilde Hühner leben in kleinen Gruppen, die sich aus einem dominanten Hahn, vier bis sechs erwachsenen Hennen sowie ein paar Junghennen und subdominanten Hähnen zusammensetzen. Bei Streitigkeiten zwischen Hennen spielen Hähne eine vermittelnde Rolle. Innerhalb eines Radius' von drei Metern um den Hahn streiten die Hennen nicht. Hähne locken Hennen zu geeigneten Legenestern, sie rufen die Hennen, wenn sie etwas zu fressen finden, und sie treiben sie zu den Schlafplätzen. Hähne stellen für die Hennen eine Bereicherung ihrer Umgebung dar. Sie ergreifen eher die Initiative, ins Freie zu gehen, und die Hennen folgen ihnen. Wenn ein Fuchs, Raubvogel oder Hund die Gruppe bedroht, verteidigen sie die Hennen. Hähne vermitteln den Hennen ein sicheres Gefühl und können dadurch den Gebrauch des Auslaufs fördern. Allerdings legen Hähne keine Eier – für manchen Bauern ein Grund, keine haben zu wollen. Wenn Hähne in die Gruppe gebracht werden, ist es wichtig, dass die Hennen Respekt vor ihnen haben. Die Hähne sollten zusammen mit den Hennen aufgezogen werden;

Der Hahn als Mittelpunkt. Foto: Monique Bestman

andernfalls sollten sie älter sein als die Hennen. Offensichtlich kommt es häufig vor, dass Lieferanten die ausdrücklich bestellten Hähne doch vergessen. In diesem Fall empfiehlt es sich, Hähne zu suchen, die aus einem Bodenhaltungssystem stammen und nicht aus einer Batterie. Erstere sind weniger ängstlich und gewöhnen sich schneller an die neue Umgebung. Für 50 bis 80 Hennen werden 3 bis 5 Hähne benötigt; in größeren Gruppen von 1.000 bis 2.000 Tieren genügt ein Verhältnis von 1:100. Nach den Richtlinien der biologisch-dynamischen Landwirtschaft muss das Verhältnis zwischen Hähnen und Hennen 1:30 betragen. Wenn die Zahl der Hähne zu klein ist oder wenn es ihnen nicht gelingt, sich genügend Respekt zu verschaffen, werden sie als abweichende Hühner betrachtet und von den Hennen als erste ange-

pickt. Schließlich verschwinden sie dann „wie verängstigte Hühner" in die Legenester.

Auftrennung in Funktionsbereiche
Ein Merkmal von Betrieben, auf denen Federpicken wenig vorkommt, ist die räumliche Trennung der einzelnen Funktionsbereiche im Stall. Hühner, die ruhen wollen, dürfen dabei nicht von Stallgenossen gestört werden, die zu Futter, Wasser oder Nest unterwegs sind. Hühner, die ein Ei legen wollen, tun dies auch am liebsten dort, wo sie ungestört sein können. Die Bereiche zum Ruhen und zur Eiablage sollten weniger hell sein als die Bereiche, in denen gescharrt oder ein Sonnen- oder Staubbad genommen wird. Tabelle 40 gibt einen Überblick über die wichtigsten Verhaltensweisen und die dazugehörigen Anforderungen an die Stalleinrichtung.

Verhalten	Ansprüche an den Raum	Beleuchtung
Eiablage	Ruhig, Legenester	Halbdunkel
Fressen, Trinken, Scharren	Tränke- und Fütterungseinrichtungen, Stroh	Licht
Sonnen- und Staubbaden	Keine physische Hindernisse (Futterkette und dergleichen)	Reichlich Tageslicht
Ruhen	Ruhig, höher angebrachte Sitzstangen	Halbdunkel

Tabelle 40: Wichtigste Verhaltensweisen und dazugehörige Anforderungen an die Stalleinrichtung

Ein Beispiel für eine solche Einteilung in einem Bodenhaltungssystem ist ein Stall mit einer Kotgrube in der Mitte, über dem erhöhte Sitzstangen angebracht sind. Im Scharrraum wird das Futter angeboten. Dort stehen auch die Legenester. Um das Nasswerden der Einstreu zu verhindern, wird das Trinkwasser über der Kotgrube angeboten, und zwar seitlich, zum Scharrraum hin. In einem Stall mit mehreren Ebenen können die Sitzstangen ganz oben angebracht werden. Futter, Wasser und Legenester können auf den unteren Ebenen angeboten werden. Eventuell können Futter und Wasser auch auf einem Zwischenboden gegeben werden. Manche Höfe verfügen über einen überdachten Auslauf ohne Tränke- und Futtereinrichtungen. Ein solcher ist, wenn er mit dem richtigen Substrat ausgestattet ist und genügend Tageslicht hereinlässt, zum Sonnen- und Staubbaden geeignet.

Körnereinstreu und Raufutter

Bei Futtergaben mit hoher Nährstoffkonzentration können Hühner in viel kürzerer Zeit ihre Nahrung aufnehmen als ihre wilden Vorfahren. Sie haben jedoch das Bedürfnis, mehr zu scharren und auf dem Boden herumzupicken als in einem Legestall unbedingt notwendig ist. Zwischen den Fressrunden an der Futterrinne wird daher emsig gescharrt und nach allerlei Kleinigkeiten gesucht. Es ist wichtig, dass dieses Scharr- und Pickverhalten ermöglicht wird, indem man eine trockene, lockere Streuschicht anbietet, in der auch einiges zu finden ist. Eine der Theorien über das Entstehen des Federpickens besagt, dass es fehlgeleitetes Bodenpicken ist. Wenn Hühner beim Picken nach unten nicht genug Befriedigung erfahren, besteht eher die Möglichkeit, dass sie anfangen, an der Nachbarin zu picken. Darum sollten täglich Körner gestreut werden. Dabei ist zu beachten, dass die Körner gleichmäßig eingestreut werden, da die Drängelei um die Körner Hühner zu aggressivem Verhalten animieren kann. Die Mengen Körnerfutter, die von den einzelnen Geflügelhaltern gestreut werden,

Bodenhaltung Kotgrube
Foto: Christoph Ziechaus

sind sehr unterschiedlich. Manche streuen überhaupt nicht, die meisten höchstens 10 Gramm pro Henne und Tag. Es gibt aber auch Höfe, auf denen 20 Gramm pro Henne und Tag oder sogar mehr gestreut wird, 50 bis 60 Gramm im Fall eigenen Anbaus. Die Auswirkung auf das Verhalten der Tiere scheint ab 20 Gramm pro Henne und Tag am größten zu sein. Bei Hennen bis zu 30 Wochen ist es allerdings ratsam, mit dem Futterlieferanten zu besprechen, ob die Mischung angepasst werden sollte (weniger Energie und mehr Eiweiß). Bis zu diesem Alter sollte man es mit der Zusammensetzung des Futters nämlich ziemlich genau nehmen. Außer mit Körnern können Hühner auch mit Raufutter beschäftigt werden. Hühner, denen Raufutter angeboten wird, sind nicht nur gesünder, sondern zeichnen

sich auch durch eine niedrigere Mortalität und weniger Federpicken aus.

Einstreu und Staubbad
Als Einstreu zum Scharren wird im Allgemeinen Gerstenstroh verwendet. Wenn es in ganzen Ballen gegeben wird (eventuell nur noch mit einer Strippe zusammengehalten), die die Tiere selber auseinanderziehen müssen, bereitet ihnen dies besonders viel Vergnügen. Um gut darin scharren zu können, muss die Streu locker und trocken bleiben.
Außer dem Material zum Scharren wird auch ein Substrat zum Staubbaden benötigt. Durch ein Staubbad wird überflüssiges und muffiges Fett aus dem Gefieder entfernt. Bei regelmäßigem Staubbaden können die Federn besser Wärme speichern und werden nicht brüchig. Auch dem

Parasitenbefall wird dadurch vorgebeugt. Wenn Hühner ein bis zwei Wochen lang keine Gelegenheit haben, ein Staubbad zu nehmen, wie es in der Natur bei anhaltendem Regen vorkommt, nehmen sie bei der nächsten Gelegenheit ein längeres und intensiveres Staubbad. Wenn Hühner die Wahl haben zwischen Torfmull, Sand und Hobelspänen, wählen sie Torfmull oder Sand; durch ein Bad in Hobelspänen wird nicht genügend Fett entfernt. Oft nehmen mehrere Hühner gleichzeitig ein Staubbad. Sie picken einander die Verunreinigungen aus den Federn weg und liegen längere Zeit still nebeneinander in einer Kuhle. So stellt die Pflege des Gefieders auch eine soziale Angelegenheit dar. Eine Theorie besagt, dass Hühner, die nicht in der Lage sind, ein gehöriges Staubbad zu nehmen, zum Federpicken übergehen.

Auf manchen Höfen kommt es vor allem während des Staubbadens zum Federpicken. Ein paar Hühner liegen dann draußen in einer Staubkuhle, während die Federpicker von einem badenden Huhn zum anderen laufen. Federpicker scheinen zum einen eine Vorliebe für Opfer haben, die mit einer bestimmten Verhaltensweise beschäftigt sind, zum anderen kommen sie leichter an ihre Opfer heran.

Das Staubbaden kann auch draußen geschehen; doch wenn nicht alle Hühner hinausgehen, ist es sinnvoll, im Stall ein paar Trennwände anzubringen und dahinter Sand oder Torfmull zu kippen. Dazu können Bretter verwendet werden, aber auch alte Treckerreifen. Erfahrungsgemäß entfernen die Tiere den Sand übrigens innerhalb kurzer Zeit aus den Behältern, da sie die Neigung haben, ihre Federn außerhalb der Behälter auszuschütteln. Diese müssen daher regelmäßig nachgefüllt werden. Torfmull ist beim Reinigen des Stalls leichter zu entfer-

Foto: Monique Bestman

nen, da die kleinen Teile sich besser mit der Einstreu vermischen als Sand.

Sitzstangen und Etagen
Nicht nur erhöhte Sitzstangen, sondern auch die verschiedenen Ebenen eines Volierenstalls bieten den Hühnern die Gelegenheit, voreinander zu fliehen. Das Fluchtverhalten in die Höhe resultiert aus dem natürlichen Instinkt in (hohen) Bäumen vor Feinden Schutz zu suchen. Ein Huhn, das zu ebener Erde wegrennt, wird oft von anderen Hühnern verfolgt, was Unruhe verursachen und die Hühner verängstigen kann. Ängstliche Hühner verstecken sich in den Nestern, die sie besetzt halten und wo sie die Eier anderer Hühner beschmutzen. Sobald ein fliehendes Huhn jedoch nach oben ausweichen kann, wird es nicht weiter verfolgt und die Ruhe kehrt zurück. Am ruhigsten ist es dort, wo auch Ebenen verfügbar sind, die nicht nur hoch und sicher gelegen sind, sondern wo es auch keine Tränke- und Fütterungsanlagen gibt. In einem Bodenhaltungssystem können erhöhte Sitzstangen über dem Zwischenboden angebracht werden, in einem Stall mit Etagen über der höchsten Ebene. Futter, Wasser und Legenester werden dann auf den niedrigeren Ebenen angeboten. Bei einer solchen Stalleinteilung werden ruhende Tiere nicht gestört. In Ställen mit einer so ausgewiesenen Ruhezone fällt auf, dass zahlreiche Tiere davon Gebrauch machen. Selbst tagsüber wird dort geschlafen. Übrigens befriedigt ein hölzerner Lattenrost auf der Kotgrube nicht das Bedürfnis, sich nach oben zurückzuziehen. Die Vorteile des Etagensystems sind die vielen Rückzugsmöglichkeiten und die regelmäßige Entfernung des Mistes.

Sandbad im Auslauf
Foto: Christoph Ziechaus

Foto: Monique Bestman

121

Futter- und Trinkwassersystem
Hühner fressen am liebsten gemeinsam, d. h. fängt ein Tier an Futter zu picken, beginnen auch die anderen mit der Futtersuche. Dies sollte bei der Wahl und der Größe der Fütterungseinrichtungen beachtet werden. Vor allem morgens, wenn nach der nächtlichen Ruhepause alle Kröpfe leer sind, müssen die Tiere fast gleichzeitig Platz am Futtertrog finden, ansonsten sind Stress und aggressives Verhalten unausweichlich (siehe Baumann, 2004).

Legenester
Die Eiablage ist ein komplexer Vorgang, für den sich das Huhn an einen ruhigen Ort zurückzieht. Unter natürlichen Verhältnissen begleiten Hähne die Hennen zu einem geeigneten Nestplatz. Die Henne fängt damit an, die Streu zu ordnen, es folgt eine Ruhepause, die bis zu einer halben Stunde dauern kann, dann wird das Ei gelegt, und danach hält sie auf

dem Ei noch ein kurzes Schläfchen. Der gesamte Prozess kann bis zu einer Dreiviertelstunde in Beschlag nehmen. Wenn eine Henne während dieses Vorgangs gestört wird, kann sie sehr verstimmt werden. Sie bringt dann sogar einen besonderen Laut hervor, in den andere Hühner, die in der Nähe sind, schnell einfallen, so dass sich ein lebhaftes Gegacker erheben kann.

Wenn Gemeinschaftsnester verwendet werden, sollten diese vor allem dunkel sein. Dadurch wird verhindert, dass die Hühner einander in die Kloake picken, wenn diese nach der Eiablage ausgestülpt ist. Kahle Kloaken und Rötung der Haut sind ein Zeichen dafür, dass es in den Legenestern zu hell ist. Einzelnester dürfen heller sein. Hühner haben lieber Einstreu im Nest als eine Kunststoffmatte. Hafer- und Buchweizenspreu ist hierfür hervorragend geeignet: Selbst wenn sie einigermaßen schmutzig wird, weil ein Huhn mit schmierigen Füßen das

Foto: Monique Bestmann

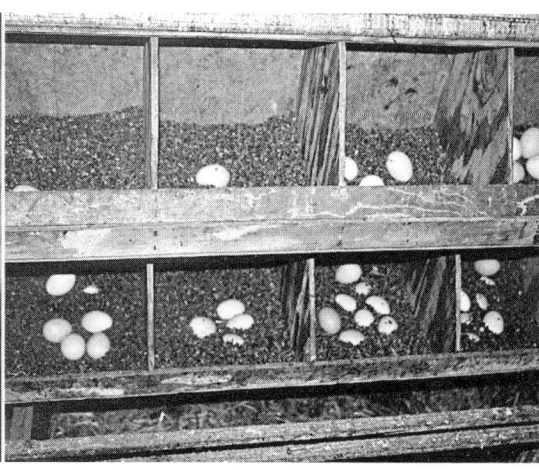

Foto: Christoph Ziechaus

Nest betritt, verklebt die Streu nicht und hält sich die Verschmutzung der Eier in Grenzen. Buchweizen- und Haferspreu ist weniger staubig als Stroh. Entscheidet man sich doch für Stroh, verdient gehäckseltes Stroh den Vorzug, weil die Eier darin einsinken können statt obendrauf liegen zu bleiben. Es gibt Systeme, bei denen selbst mit Einstreu in den Nestern die Eier noch automatisch eingesammelt werden können. Der ideale Standort für Legenester ist ein ruhiger und dunkler Teil des Stalls. Für Hühner ist der richtige Platz noch wichtiger als der Inhalt oder die Eigenschaften des Nestes. Wichtig ist auch, dass in Längsrichtung vor den Nestern zwei Sitzstangen angebracht sind, oder ein schmaler Gitterrost, von wo aus die Hühner in die Nester hineinschauen können um ihren Platz zu finden. Zwei Sitzstangen sind nötig, damit die Hühner aneinander vorbeigehen können. Erfahrungen mit Volieren haben gezeigt, dass bei einer derartigen Einrichtung weniger Eier verlegt werden.

Hühner neigen dazu, ihr Ei immer an dieselbe Stelle zu legen. Die Nester, die am leichtesten wiederzufinden sind, liegen an den Enden des Stalls. Mit gefärbten Trennwänden zwischen den Nestblöcken sind auch die Nester im mittleren Teil leichter wiederzufinden und sorgen damit für eine bessere Verteilung der Hühner in den Nestern.

Licht

Viele Geflügelställe sind so gebaut, dass wenig oder kein Tageslicht einfällt. Dem liegt der Gedanke zugrunde, dass durch ein künstliches Lichtregime Produktion und Verhalten der Hennen besser zu beeinflussen sind. Um das Federpicken zu unterbinden, wird darüber hinaus das Licht gedämpft; doch es ist ein Missverständnis, dass Licht Federpicken verursacht. Bei hohen Lichtintensitäten werden die Probleme nur deutlicher. Durch Abdunkelung des Stalles kann Federpicken zwar symptomatisch reduziert werden, da die Tiere in ihrer Wahrnehmung behindert werden. Doch Hühner, die ständig bei einer niedrigen Lichtstärke gehalten werden, sind zum einen ängstlicher als Hühner, die mehr Licht gewohnt sind, und zum anderen kommt stereotypes Picken, eine andere Form anormalen Verhaltens, häufiger vor.

Für die Bildung von Vitamin D, roten und weißen Blutkörperchen und Hormonen sowie zur Stärkung des allgemeinen Widerstands brauchen Hühner Sonnenlicht. Künstliches Licht enthält nur einen Teil des Tageslichtspektrums und ist von geringerer Qualität. Direkt einfallendes Sonnenlicht ist besser als solches, das durch Glas oder durchsichtige Dachplatten scheint, weil dadurch ein Teil des UV-Licht herausgefiltert wird. Viel Tageslicht in den Ställen ist eines der Merkmale von Höfen, auf denen Federpicken wenig vorkommt. Durch den Gebrauch von Schiebefenstern lassen sich Sonnenlicht und natürliche Lüftung miteinander kombinieren. Künstliches Licht sollte lediglich dazu benutzt werden, bestimmte Teile des Stalls hervorzuheben oder den Tag zu verlängern. Normales Neonlicht wird von Hühnern als flimmernd empfunden, was außerordentlich störend für sie ist. Hochfrequente Neonlampen oder Glühlampen sind am besten. Hühner genießen Sonnenlicht sehr, und wenn auf eine begrenzte Fläche in einem ansonsten zu dunklen Stall grelles Licht fällt, kann es vorkommen, dass die Hühner sich auf den hellen Stellen so sehr drängen, dass es zu Unfällen kommt. Eine besondere Form von natürlichem Licht, die große Probleme verursachen kann, ist das im Herbst und Winter bei niedrigem Sonnenstand am Ende des Tages einfallende, gleißende Licht, das die Hühner so „verrückt" machen kann, dass sie in Kannibalismus verfallen. Dies lässt sich durch ein überhängendes Dach, teilweises Weißen der Fenster oder vorübergehende Verdunkelung durch Rollos aus Schilfrohr oder Segeltuch dämpfen.

Stallklima

Eines der Merkmale von Höfen, auf denen wenig oder kein Federpicken vorkommt, ist das gute Stallklima: wenig Staub und kaum Ammoniakgeruch. In Ställen mit hohen Ammoniakkonzentrationen wird ausnahmslos mäßiges bis ernstes Federpicken beobachtet. Ab 20 ppm werden bereits die Atemwege beschädigt, vor allem in Kombination mit Staub. Staub kommt aus den Federn und dem Kot und enthält Krankheitserreger. Wird dieser Staub eingeatmet, wird er normalerweise durch Flimmerhärchen entfernt. Ammoniak greift die Flimmerhärchen an, wodurch der Staub in den Lungen hängen bleibt. Hühner, deren Lungen angegriffen sind, sind anfälliger für Infektionen. In Wahlversuchen geben Hühner einer Umgebung mit einer niedrigen Ammoniakkonzentration den Vorzug. Bei einer Konzentration über 25 ppm differenzieren sie jedoch nicht mehr, möglicherweise finden sie es grundsätzlich unangenehm. Für die meisten Menschen ist Ammoniak in einer Konzentration von 20 ppm zu riechen. Sobald man es riecht, ist es eigentlich bereits zu viel für die Tiere. Menschen gewöhnen sich an Ammoniak, wodurch Geflügelhalter Ammoniakkonzentrationen bis zu 40 ppm oft nicht als störend empfinden. Durch gute Lüftung werden Ammoniak und Luftfeuchtigkeit schneller abgeführt, und wenn die Einstreu trocken gehalten wird, bildet sich weniger Ammoniak. In einem trockeneren Substrat verläuft der Abbau von Proteinen und organischem Stoff durch Mikroorganismen nämlich langsamer. Die Einstreu bleibt trockener, wenn sie gut gelüftet und das Spritzen mit Wasser vermieden wird. Dass die Hühner mit viel Schmutz an den Füßen in den Stall kommen, kann verhindert werden, indem man draußen entlang der Stallwand Gitterroste auslegt. Staub lässt sich vermeiden, indem die Streu regelmäßig mit frischem Stroh ergänzt wird.

Geflügelhalter, die sowohl mit einem herkömmlichen Bodenhaltungssystem als auch mit einem Etagensystem Erfahrung haben, versichern, dass die Luftqualität im Etagensystem besser ist. In Volierenställen kann der Mist regelmäßig entfernt werden, während er in einem Bodenhaltungssystem häufig während des gesamten Legezyklus liegen bleibt. Ein weiterer Vorteil des Etagenstalls besteht darin, dass durch die höhere Besatzdichte die Hühner den Stall besser warm halten, wodurch unter Beibehaltung der erwünschten Stalltemperatur mehr Ventilation möglich ist. In einem herkömmlichen Bodenhaltungssystem beträgt die Ammoniakemission 315 g pro Tier und Jahr, gegenüber 90 g in einer Voliere.

Nutzung des Auslaufs
Über die Faktoren, die möglicherweise mit Federpicken zusammenhängen, sind mehrere Untersuchungen durchgeführt worden, wobei einige Dutzend bis mehrere Hundert Geflügelhöfe miteinander verglichen wurden. Diese Untersuchungen haben deutlich gemacht, dass auf Höfen, auf denen die Hühner gerne ins Freie gehen, wesentlich weniger Federpicken vorkommt als auf Betrieben, wo dies in minderem Maße der Fall ist. Dass eine erhöhte Nutzung des Auslaufs zur Verminderung des Federpickens beiträgt, kann daran liegen, dass der

Auslauf eine Bereicherung der Umgebung darstellt, aber auch daran, dass der Stallbesatz niedriger wird, sobald ein beträchtlicher Teil der Gruppe hinausgeht. Dass die Besatzdichte einen Risikofaktor hinsichtlich des Federpickens darstellt, ist bekannt. Auch kann es damit zu tun haben, dass die Nutzung des Auslaufs – wodurch sich weniger Hühner im Stall befinden – ein besseres Stallklima zur Folge hat (siehe auch Kapitel 7.7).

Mensch-Tier-Verhältnis
Tierpfleger und Eiersammler
Es hängt vom fachmännischen Können des Betreuers ab, wie gut für die Tiere gesorgt wird. Dieses umfasst berufsmäßige Komponenten (Kenntnisse und Fähigkeiten) und persönliche Qualitäten (hören, sehen, urteilen, Veränderungen berücksichtigen, Erfahrung, Einstellung). Jedes Haltungssystem setzt besondere Fähigkeiten des Viehhalters voraus. Ein Geflügelhalter drückt dies so aus: „Die Stalleinrichtung ist nur ein ganz kleiner Teilaspekt der Hühnerhaltung. Entscheidend ist der Mensch, der dahinter steht. Es gibt zwei Arten Hühnerhalter: Tierpfleger und Eiersammler." Tiere nehmen die Körpersprache ihres Betreuers wahr. Jemand, der Gelassenheit, Vertrauen und Beständigkeit ausstrahlt, hat weniger ängstliche Tiere, die zudem mehr produzieren, als jemand, der sich auf unberechenbare Art und Weise zwischen seinen Tieren bewegt. Andere wichtige Merkmale des Fachmanns oder der

Fachfrau sind Aufmerksamkeit und die Fähigkeit, Veränderungen im Verhalten der Tiere zeitig wahrzunehmen und schnell und angemessen darauf zu reagieren. Abgesehen vom Verhalten des Viehhalters im Stall ist auch seine oder ihre Einstellung von Bedeutung. Man braucht nicht mit dem Talent geboren zu sein, gut mit Tieren umgehen zu können, man kann es auch lernen. Übrigens hat der Mensch selbst in einer völlig automatisierten Umgebung noch Einfluss, denn auch dort gilt es, eine stabile Umgebung zu schaffen und aufmerksam zu sein.

Hühner beobachten
Ein Fachmann oder eine Fachfrau kennt seine oder ihre Tiere, beobachtet täglich ihr Verhalten und ist auf Unregelmäßigkeiten bedacht. Unregelmäßigkeiten fallen einem nur dann auf, wenn man das normale Verhalten seiner Tiere kennt. Abgesehen davon, dass man die Tiere beobachtet, um Probleme zeitig wahrzunehmen, ist es sinnvoll, sich einmal in sie hineinzuversetzen, um ihre Art kennen zu lernen und von dieser Grundlage aus festzustellen, ob Unterbringung und Versorgung eventuell verbessert werden können. Nur beim Körnerstreuen oder beim Einsammeln von verlegten Eiern nach den Hühnern zu sehen, ist nicht genug. Subtile Veränderungen bemerkt man ja erst, wenn man sich längere Zeit zwischen ihnen aufhält. Dass sie zum Beispiel angefangen haben, einander Federn auszupicken, erkennt man zwar an einem beschädigten Gefieder unten am Rücken, doch dann kann dieses Verhalten bereits ein paar Wochen um sich gegriffen haben. Wenn man regelmäßig beobachtet, kann man schneller eingreifen und die Ursache noch ausfindig machen. Wenn Hühner einmal mit Federpicken angefangen haben, hören sie nicht mehr damit auf. Probieren Sie, sich wöchentlich mindestens 15 Minuten Zeit dafür zu nehmen, und beobachten Sie die Hühner auf jeden Fall nach Veränderungen in der Zusammensetzung des Futters, wenn sie im Stall gehalten werden, bei erhöhtem Ausfall oder anderen auffälligen Umständen. Tun Sie dies auch zu verschiedenen Tageszeiten. Wenn man Abrollnester benutzt und die Eier am Sammeltisch vorne im Stall eingesammelt werden, bietet ein Fenster zwischen Sammelstelle und Stall auch die Gelegenheit, täglich während des Einsammelns der Eier die Hühner zu beobachten. Übrigens ist dies bei weitem nicht so effektiv wie die Wahrnehmungen, die man mitten unter den Hühnern anstellt.

Exkurs: Homöopathie bei Federpicken

Federpicken kann viele Ursachen haben. Verschiedene Erkrankungen der Haut (Parasiten, Ekzeme, Pilze usw.), der inneren Organe (Stoffwechselerkrankungen usw.) oder auch ein fehlerhaftes Management (Fütterung, Mykotoxine, Haltung usw.) können diese Verhaltensstörung auslösen. Daher muss vor einer Behandlung der eigentliche Auslöser ausfindig gemacht und abgestellt werden. So kann zum Beispiel Magnesiummangel in der Futterration ursächlich für das Federpicken sein. Eine Behandlung mit Sulfur D30 oder Chelidonium D6 kann zwar sehr hilfreich sein; jedoch muss in jedem Fall Magnesium in mineralischer Form substituiert werden.

Erst wenn Managementfehler behoben und andere Gesundheitsstörungen ausgeschlossen sind, ist es sinnvoll, den Bestand therapeutisch oder vorbeugend mit Homöopathika zu behandeln. Bei der Bestandshomöopathie müssen vorab bei mehreren Einzeltieren oder kleineren Tiergruppen homöopathische Anamnesen durchgeführt werden, die wiederum ein repräsentatives Bild der ganzen Herde ergeben. Anhand dieser Ergebnisse wird anschließend das entsprechende Arzneimittel ausgewählt und verabreicht.

Die Homöopathie ist eine Form der Selbstregulationstherapie. Sie ist darauf abgestimmt, dem Individuum zu helfen, aus eigener Kraft die Erkrankung zu meistern oder gar nicht erst zuzulassen. Die Homöopathie richtet sich nicht gegen Erreger, weshalb es auch keine homöopathischen Arzneimittel gegen Clostridien, Kokkzidien usw. geben kann.

Die homöopathische Therapie ist zudem nicht standardisierbar; der Erfolg hängt besonders von der Erfahrung des Tierarztes und der Beobachtungsgabe des Landwirtes ab. Arzneimittel, die nur aufgrund klinischer Symptome verabreicht werden (Beispiel: Federpicken = Aggression = Stramonium oder Hyoscyamus), können nur begrenzt helfen.

Besonders wichtig für den Erfolg ist es, die Therapie rechtzeitig zu beginnen. Schon bei den ersten Anzeichen, die auf eine Erkrankung im Bestand hinweisen, sollte mit der homöopathischen Behandlung begonnen werden. Eine der größten Stärken der Homöopathie ist ihre vorbeugende Wirkung, wodurch der Ausbruch einer Erkrankung verhindert oder zumindest die Schwere der Erkrankung vermindert werden kann.

Bei der Behandlung des Federpickens sind die spezifischen Symptome und die krankheitsauslösenden Ursachen maßgeblich. Oft hat sich gezeigt, dass zur Behandlung homöopathische Arzneimittel eingesetzt werden müssen, die vor allem einen starken Bezug zum Stoffwechselsystem haben. Besonders hervorzuheben sind z. B. Sulfur D6, Chelidonium D30, Flor de piedra D6, Lycopodium D30, Gun powder D30, Natrium sulfuricum D30, Natrium muriaticum D30, Nux vomica D30.

Das Federpicken wird immer wieder als eine Form der Aggression dargestellt, weshalb oft Stramonium und Hyoscyamus empfohlen werden. Meines Erachtens hat das Federpicken meist andere Ursachen wie zum Beispiel Fütterungsfehler und muss mit anderen Präparaten behandelt werden. Fütterungsfehler können u. a. sehr gut mit nachfolgenden Arzneimitteln gelindert werden: Sulfur D6, Nux vomica D6, Borax D6, Berberis D6, Solidago D6, Penicillinum D30, Lycopodium D200, Jodum D30, Ferrum phosphoricum D30, Secale cornutum D6, Arsenicum album D30 oder Carbo vegetabilis D30.

Bei umweltbedingten und stressauslösenden Faktoren wie Umstallung, Verladen, Zugluft oder Kälte, die ebenfalls Federpicken auslösen können, werden andere homöopathische Arzneimittel eingesetzt: z. B. Aconitum D200, Belladonna D200, Phosphorus D200, Arnika D30, Natrium muriaticum D30, Ignatia D30, Rhododendron D30, Gelsemium D30, Pulsatilla D200.

Homöopathische Arzneimittel werden vorzugsweise in Form von alkoholischen Dilutionen über die Tränke verabreicht. Die Häufigkeit der Gaben richtet sich nach der Art der Erkrankung und dem Verlauf. Der erfolgreiche und fachgerechte Einsatz homöopathischer Arzneimittel bedarf viel Erfahrung und einer entsprechenden Ausbildung, da infolge einer falschen oder laienhaften Behandlung eine Verschleppung oder Verschlechterung von Erkrankungen nicht auszuschließen ist.

Stefan Wesselmann

7.7 Tier- und Umweltgerechtes Auslaufmanagement

*Monique Bestman /
Aaron Fuermetz*

Einleitung

Nach der EG-Öko-Verordnung zur Tierhaltung muss „Geflügel stets Auslauf gewährt werden, wenn die klimatischen Bedingungen dies erlauben", ist doch die Auslaufhaltung jene Form, die den angeborenen Lebensgewohnheiten des Huhnes am nächsten kommt und wesentlich zu seinem Wohlbefinden beiträgt. Ein gepflegter Auslauf voller gut befiederter, aktiver Hühner ist zudem die Visitenkarte eines Geflügelhofs und für den Verbraucher der Inbegriff artgerechter Tierhaltung. Soll ein Auslauf optimal eingerichtet und gut genutzt werden, sind zahlreiche Aspekte zu berücksichtigen. In diesem Kapitel werden Bedeutung sowie hygienische und ökologische Probleme des Auslaufs erläutert.

Bedeutung des Auslaufs

Folgende Vorteile bietet die Auslaufnutzung:

- die Besatzdichte im Stall wird niedriger, dadurch können schwächere und ängstliche Hühner Wasser und Futter leichter erreichen und das Stallklima verbessert sich
- Ein attraktiv gestalteter Auslauf bietet den Hühnern Abwechslung
- Vertiefung des Nahrungssucheverhalten durch Aufnahme von Aufwuchs und Scharren im Boden

- Sonnenlicht und Außenklima bieten positive Reize
- Der Auslauf bereichert das Nahrungsangebot für die Hühner durch die Aufnahme von Kleinstlebewesen, Grünpflanzen und, bei entsprechender Bepflanzung, Beeren.

Die Möglichkeit des Freilandaufenthalts ist für die Tiere selbst von großer Wichtigkeit. Erfahrene Geflügelhalter öffnen die Klappen täglich, und zwar bei jedem Wetter, und überlassen die Entscheidung ihren Tieren. Das Resultat ist, dass ein sehr großer Teil (80 bis 90 Prozent) ihrer Tiere hinausgeht. Es gibt Beispiele von Hühnern, die sich auch bei Schnee noch in großer Zahl im Freien aufhalten.

7.7.1 Der tiergerechte Auslauf

Wie erreicht man, dass die Tiere hinausgehen?

Es ist wichtig, die Hühner so früh wie möglich mit dem Auslauf vertraut zu machen. Man sollte damit beginnen, sobald sie 6 bis 7 Wochen alt sind. Von einer wochenlangen Stallphase der Hühner nach ihrer Ankunft auf dem Legehennenbetrieb wird abgeraten; spätestens zwei Tage nach ihrer Ankunft sollten sie mit stetig zu verlängernden Intervallen ins Freie. An den Stall und die Legenester gewöhnen sie sich auch, wenn sie nur morgens im Stall sind, (hat die Legeperiode einmal angefangen, können schmutzige Eier vermieden werden, indem man die Hühner nach der

Tränke im Auslauf. Foto: Christoph Ziechaus

Hauptlegezeit [i. d. R. 10.00 Uhr] hinauslässt, wenn die meisten Eier bereits gelegt sind). Im wahrsten Sinne schmackhaft wird der Auslauf für die Tiere, indem man ihnen dort zusätzliches Futter anbietet: Getreidekörner, Muschelkalk, Grünfutter, Brote oder Futterreste. Auch Tränkevorrichtungen im Auslauf haben positive Effekte. Ein Sandbad und schattige Stellen sind ebenfalls verlockend. Schließlich darf der Übergang von drinnen nach draußen nicht allzu abrupt sein: Ein großer Unterschied in der Lichtstärke wirkt hinderlich. Eine große Anzahl Auslauföffnungen ist vor allem für Hühner wichtig, die sich noch an den Weidegang gewöhnen müssen. Ebenso ist die Höhe der Öffnungen von Bedeutung; ist sie zu niedrig, versperren in der Öffnung stehende Hühner den anderen die Aussicht.

Ein Vergleich zwischen Gruppen von 50, 500 und 3.000 Tieren zeigt, dass größere Gruppen im Allgemeinen nicht so leicht das Freiland aufsuchen wie kleinere. Gibt man sich jedoch besondere Mühe, den Auslauf einladend zu gestalten und die Hühner früh daran zu gewöhnen, stellt sich heraus, dass es selbst bei einer Gruppe von 2.000 Tieren noch gelingt, 70 bis 80 Prozent von ihnen täglich ins Freie zu locken.

Schutz
Manche Geflügelhalter haben die Erfahrung gemacht, dass die Tiere sich zwar für eine halbe Stunde ins Freie locken lassen, danach jedoch schnell

wieder hineingehen. Will man erreichen, dass sie längere Zeit draußen bleiben und den gesamten Auslauf möglichst gleichmäßig nutzen, ist die Gestaltung des Auslaufs von großer Bedeutung. Ein gut angelegter Auslauf bietet Schutz vor Sonne, Niederschlägen, Wind und Raubvögeln, gestattet eine begrenzte Aussicht und bietet Möglichkeiten zum Scharren und zur Futtersuche. Hühner sind ursprünglich Waldvögel, was trotz Domestikation und genetischer Selektion noch bemerkbar ist. Eine Weide mit freiem Ausblick bis zum Horizont verunsichert sie leicht und ist das Unpassendste, was man ihnen bieten kann.

Ein derartiger Auslauf wird ausschließlich in der direkten Nähe des Stalls genutzt, und sobald die Hühner Raubvögel oder Flugzeuge bemerken, fliehen sie in den geschützten Stall, um diesen im Falle häufiger Wiederholung nicht mehr zu verlassen.

Bepflanzung

Zu den Gewächsen, die im Auslauf angepflanzt werden können, gehören Mais, Topinambur und Sonnenblumen. Für alle Gewächse gilt übrigens, dass sie nach der Pflanzung/Saat zwecks besseren Anwachsens mindestens zwei Monate lang vor den Tieren geschützt werden müssen. Bäume, die mit der Zeit dauerhaften Schutz bieten, sind Tannen, Weiden, Holunder, Haselsträucher und Hecken aus einheimischen Gehölzen. Da Sträucher in der Regel mehr Deckung bieten, werden sie von den Hühnern eher angenommen. Auch in Gebieten mit Problemen durch Beutegreifer ist niedriger Bewuchs in Form von Büschen hohen Bäumen vorzuziehen, da letztere als Ansitz von Raubvögeln genutzt werden können. Schöne Beispiele sind Freilandgehege, die ringsherum von Bäumen oder Sträuchern umgeben sind, während in der Mitte schnell wachsende, essbare Feldfrüchte ange-

Endlose Weite...

...gegenüber einem passend bepflanzten Auslauf.

baut werden. Mittendrin können noch eine oder mehrere Reihen Bäume oder Sträucher gepflanzt werden.

Bei Neuanpflanzungen von Hecken oder Sträuchern bietet sich eine strahlenförmige Ausrichtung mehrerer Reihen vom Stall ausgehend an, so dass die Tiere in die ganze Fläche geleitet werden und zwischen den Reihen eine maschinelle Auslaufpflege noch möglich bleibt.

Beispiel: Gesamter Teil-Auslauf einer Wechselweide mit Mais eingesät
Auf einem Hof (4.000 Hennen, seit 1984 ökologisch) steht schon seit Jahren Mais im Auslauf. Die Erfahrung hat gezeigt, dass die Hühner dank des Schutzes, den der Mais bietet, den gesamten Auslauf nutzen. Das Unkraut dazwischen haben sie schnell aufgefressen, und auch bei normalem Reihenabstand können sie dazwischen gut laufen. Der Mais bleibt gewöhnlich bis ins Frühjahr stehen, bis wieder neu eingesät werden muss, und ist dann noch immer von hinreichender Qualität, um als Hühnerfutter verwendet zu werden. Im Frühjahr konnten noch etwa 3 Tonnen Körnermais geerntet werden; im Herbst und Winter wurden bereits etwa 4 Tonnen mit der Hand geerntet und an die Hühner verfüttert. Dass der Mais stehen bleibt, hat den Vorteil, dass die Hühner auch im Winter Schutz finden. Ab und zu kann ein wenig für den sofortigen Verbrauch umgehackt werden. Während der Mais wächst, können die Hühner

Auslauf mit Mais
Fotos: Monique Bestman

allerdings 2 Monate lang nicht den gesamten Auslauf nutzen, sondern nur den Bereich in der unmittelbaren Umgebung des Stalls.

Beispiel: Abwechselnd Gras- und Maisstreifen
Dieser Hof (6.000 Hennen, ökologisch seit 2000) beweist, dass sich mit dem Einsäen eines Teils des Auslaufs (in diesem Fall 33 % der Fläche mit einem Gemisch aus Mais und Sonnenblumen) auch ein gutes Ergebnis erzielen lässt; vorausgesetzt die Bepflanzung steht an der richtigen Stelle, d. h., dass die Hühner vom Stall sowie von jeder beliebigen Stelle des Auslaufs aus höchstens 15 Meter zurückzulegen brauchen, um in den Schutz der Pflanzen zu gelangen.

Kurz gekappte Weiden
Weidenruten sind im Winter und zu Anfang des Frühjahrs leicht zu bekommen. Wenn sie nicht zu lange

131

Huhn vor Weidenruten
Foto: Monique Bestman

gelegen haben und tief genug in den Boden gesteckt werden, schlagen sie leicht aus, und innerhalb weniger Jahre zeigen sie ein schönes Resultat.

Künstliche Strukturelemente
Außer durch Bepflanzung kann auch mit künstlichen Schutzeinrichtun-

gen, z. B. in der Form von Tarn- oder Windnetzen, die in einem Meter Höhe auf Pfählen aufgespannt werden, ausgemusterten Folientunneln, über Baustahlmatten gespannten Folien oder Windschutznetzen ein gutes Ergebnis erzielt werden. Dies gilt insbesondere für offene, grasbewachsene Ausläufe oder Weiden, auf denen abwechselnd Hühner und andere Tierarten grasen, und wo hohe Bepflanzung nicht möglich ist. Alte Anhänger lassen sich leicht (unverändert oder mit einem aufgenagelten Dach) als mobile Unterstände verwenden. Künstliche Schutzvorrichtungen haben gegenüber Gewächsen den Vorteil, dass sie

- nicht saisonabhängig sind
- kein Lohnunternehmer oder schwere Maschinen benötigt werden
- sie sich regelmäßig umstellen lassen
- man gute Sicht auf die Hühner hat.

Beispiele: Künstlicher Schutz
Auf einem Hof (1.000 Hennen, ökologisch seit 1998) werden Tarnnetze über ein Meter hohe Pfähle gespannt. Mit fünf Netzen (je 3 x 6 Meter Fläche) in einem Auslauf von ½ ha (noch nicht einmal 2 Prozent der Oberfläche bedeckt) wird bereits ein gutes Ergebnis erzielt: Etwa 90 Prozent der Hühner kommen ins Freie. Zu Anfang bleiben sie vor allem unter den Netzen, doch nach ein paar

Künstliche Strukturelemente
Foto: Monique Bestman

Wochen verteilen sie sich über den gesamten Auslauf und suchen sie die Netze nur bei Gefahr auf. Die Weide wird bis in die hinterste Ecke genutzt. Ein anderer Geflügelhalter (400 Hennen, ökologisch seit 1998) bespannt ungefähr 70 m² seines 0,2 ha großen Auslaufs mit Windnetzen (gut 3 % des Auslaufs bedeckt). Zunächst schien es, als ob die Hühner keinen Gebrauch davon machen, doch später stellte sich heraus, dass bei Gefahr die Hälfte von ihnen unter die Netze rennt. Die andere Hälfte beeilte sich, in den Stall zu kommen. Auch hier wird der Auslauf über die gesamte Oberfläche intensiv genutzt.

Übrige Maßnahmen zur besseren Verteilung der Tiere
Eine bessere Nutzung der stallfernen Bereiche wird zudem durch das Vorhandensein von Hähnen und anderen Weidetieren, z. B. Schafen, erreicht.

Neben dem Versuch, die Tiere zu einer weiteren Entfernung vom Stall zu motivieren, besteht ein anderer Ansatz darin, die begrenzende stallnahe Fläche zu vervielfachen. Dies wird durch das Versetzen mobiler Stallsysteme möglich, die in verschiedenen Ausführungen angeboten werden. Diese müssen so gestaltet sein, dass ein regelmäßiges Umstellen des Stalles tatsächlich möglich und durchführbar ist. Hierdurch können Maßnahmen zur besseren Verteilung der Tiere und zum Bodenschutz weitgehend entfallen.

Nässe im Auslauf und im Stall
Eine der häufigsten Klagen über die Auslaufhaltung betrifft die nassen, schlammigen Stellen, die sich vor allem im stallnahen Bereich bilden. Feuchte Bodenpartikel werden in den Stall getragen, wodurch Eier beschmutzt werden und die Einstreu

Hühner in Deckung
Foto: Christoph Ziechaus

Stallnaher Auslaufbereich
Foto: Monique Bestman

verklebt. Verschmutzte Eier lassen sich vermeiden, indem man die Tiere erst nach der Hauptlegezeit hinauslässt oder indem man dafür sorgt, dass sie mit sauberen Füßen in den Stall kommen. Eine Überdachung (lichtdurchlässige Dachplatten sorgen dafür, dass es im Stall nicht zu dunkel wird) oder eine Befestigung mit Beton, Schotter oder Kieselsteinen sind die dauerhaftesten Lösungen. Provisorische Lösungen für Nässe im Stall sind das Einstreuen grober Holzspäne oder Muschelsand. Manche Geflügelhalter haben Gitterroste vor die Auslauföffnungen gelegt, über die die Hühner laufen müssen, um in den Stall zu gelangen.

Risiken des Auslaufs: Würmer, Salmonellen, Kokzidiose und Raubtiere Geflügelhalter, die jahrelang nach strengen Hygienevorschriften gearbeitet haben, müssen sich oft erst mit dem Gedanken vertraut machen, ihre Tiere ins Freie zu lassen. Unter Legehühnern hat sich jedoch zwischen Höfen mit und solchen ohne Wurmbefall kein Unterschied im Ausfall oder in der Produktion feststellen lassen. Das gleiche gilt für Höfe mit und ohne Kokzidien-Oozysten im Mist. In der Praxis gehen Geflügelhalter mit den Risiken sehr unterschiedlich um. Gegen Salmonellen muss geimpft werden. Was Würmer betrifft, verlassen sich manche auf die Widerstandskraft der Tiere, vorausgesetzt, dass diese nicht von klein auf „präventiv" entwurmt wurden. Andere hingegen

unterziehen ihre Hühner alle acht Wochen einer vorbeugenden Stimulierung des Magen-Darm-Traktes (Essig-Wasser u. Ä.). Es empfiehlt sich, den Mist/Kot regelmäßig auf Würmer kontrollieren zu lassen, auch wenn es keine Probleme gibt. Nur so kommt man dahinter, welcher Infektionsgrad für die eigene Gruppe „normal" ist. Kokzidiose kommt bei Hühnern mit Freilandauslauf häufiger vor als bei Hühnern, die keinen Auslauf zur Verfügung haben. Auch hier kann der Geflügelhalter die Widerstandsfähigkeit seiner Tiere fördern. Der Verbraucher erwartet von einem Öko-Bauern Zurückhaltung beim (präventiven) Gebrauch von Medikamenten. Übrigens kann mit Weidewechsel nicht vermieden werden, dass Parasiteneier in Boden überleben (manche überleben sechs Jahre). Jedoch gibt es Betriebe, die schon zehn Jahre oder länger Hühner halten, ohne präventiv zu entwurmen und welche kein Parasiteneier in ihren Mistproben haben. Vielleicht spielt es eine wesentliche Rolle, dass sie ihren Auslauf jährlich pflügen.

Gelegentlich können Raubtiere für Verlust und Unruhe sorgen. Schutz gegen Raubvögel lässt sich mit Bäumen, Sträuchern, Mais und Schutznetzen schaffen. Gerade im Winter kann es viele Raubvögel geben, die aus nördlichen Gegenden zum Überwintern in unsere Breitengrade kommen. Manche Geflügelhalter haben die Erfahrung gemacht, dass Krähen oder Elstern Raubvögel verjagen.

Diese können durch das Anlegen einer Futterstelle mit gekochten Eiern gut angelockt werden. Gegen Füchse schützt man die Hühner durch einen soliden Zaun. Dieser darf keine Löcher aufweisen und muss über die gesamte Länge gut an den Boden anschließen; noch besser ist es, wenn er mindestens 20 cm tief eingegraben ist. Spannt man zusätzlich noch einen Elektrodraht, wagt sich kein Fuchs mehr in den Auslauf. Probleme mit Füchsen gibt es übrigens meist im Frühjahr; dann werden ihre Jungen geboren und sie brauchen so viel Futter, dass sie auch tagsüber auf die Jagd gehen. Den Rest des Jahres jagen sie hauptsächlich in der Dämmerung und nachts, d. h., wenn die Hühner im Stall sind und dieser geschlossen sein sollte.

7.7.2 Umweltaspekte des Auslaufmanagements

Durch die deutlich stärkere Frequentierung der stallnahen Bereiche wird auch ein Großteil der Nährstoffe in Stallnähe ausgeschieden. Dies führt zu Konzentrationen, die nicht mehr vom Bewuchs aufgenommen werden können. Man bekommt es also mit der (zumindest für die ökologische Landwirtschaft) ungewohnten Situation zu tun, dass Nährstoffe – räumlich eingegrenzt – zu einer Belastung werden können.

Hinzu kommt, dass durch die intensive „Bodenbearbeitung" der Tiere gerade in diesen stark belasteten Zonen die Grasnarbe oft dauerhaft geschä-

digt ist und dadurch der Nährstoffentzug vermindert bzw. unterbunden wird. Als besonders problematisch ist Stickstoff einzustufen, da dieser in Form von Nitrat je nach Bodenart sehr leicht ausgewaschen werden kann. Aber auch das im Boden weniger mobile Phosphat reichert sich bei langjähriger Nutzung in den Intensivzonen an. All dies führte dazu, dass in den letzten Jahren vermehrt die Schlussfolgerung gezogen wurde, Freilandhaltung sei aus ökologischer Sicht bedenklich.

Allerdings können die beschriebenen Umweltprobleme durch geeignete Managementmaßnahmen im Auslauf zumindest entschärft werden, welche:

- eine gleichmäßigere Verteilung der Tiere und damit einhergehend der Nährstoffe auf die Fläche (s. o.),
- die Sicherung des Nährstoffentzugs durch entsprechenden Pflanzenbewuchs oder
- das Auffangen von Nährstoffüberschüssen bewirken.

Maßnahmen zur Sicherung des Nährstoffentzugs durch den Bewuchs
Der Nährstoffentzug durch Pflanzen und die anschließende Aufnahme durch die Tiere oder Abfuhr von der Fläche ist die einfachste Möglichkeit, eingetragene Nährstoffe wieder dem Boden zu entziehen und dadurch Belastungen zu vermeiden. Dem Bewuchs des Hühnerauslaufes und seiner Erhaltung kommt somit eine wichtige Bedeutung zu.

Die Zusammensetzung der Grasnarbe sollte auf die speziellen Anforderungen der Hühner abgestimmt sein. Bevorzugt zu verwenden sind Untergräser, die eine gute Bestockung aufweisen und eine dichte, stabile Narbe bilden. Diese Eigenschaften weisen besonders Rasengräser auf. Beim Landhandel können Ansaatmischungen für Pferdeweiden bezogen werden, die aus einer Mischung von Rasen- und Futtergräsern (u. a. Weidel- und Lieschgras, Wiesenrispe und Rotschwingel) bestehen und sich als relativ ausdauernd erwiesen haben. Leguminosen, welche als Futterpflanzen wesentlich geeigneter für Legehennen sind, sollten aufgrund der zusätzlichen N-Bindung aus Sicht der Nährstoffproblematik nicht eingesetzt werden. Beim Einsatz von Mobilställen ist es hingegen bei der Ansaat der Ausläufe möglich, mehr auf den Futterwert als auf den Nährstoffentzug und die Stabilität der Pflanzen zu achten.

Im stallnahen Bereich stationärer Ställe wird aber auch die beständigste Grasnarbe der Bearbeitung durch die Hühner nicht standhalten, so dass hier spezielle Schutzmaßnahmen nötig werden. Für den Schutz der Grasnarbe im unmittelbar an den Stall angrenzenden Bereich haben sich Rasenschutzgitter aus Kunststoff als sehr geeignet erwiesen. Sie hindern die Hühner daran, die Grasnarbe zu zerstören, ein Abweiden bleibt aber in einigen Zentimetern Höhe noch möglich, so dass der Nährstoffentzug gesichert wird. Für die Funktionsweise der Schutzgitter ist allerdings darauf zu achten, dass nicht zuviel Einstreu aus den Auslauföffnungen gescharrt wird. Als kostengünstigere Lösung ist auch das Auslegen von Lattenrosten aus abgerundeten Dachlatten möglich.

Beim Management von Mobilställen ist auf regelmäßiges Versetzen zu achten, so dass der Bewuchs unter und um den Stall nicht abstirbt. In Abhängigkeit von Standort und Witterung können während der Vegetationszeit circa 14 Tage an einer Stelle als Richtwert gelten, im Winter ist auch nach einer Standzeit von bis zu sechs Wochen noch eine Regeneration der Grasnarbe zu erwarten.

Die Unterteilung des Auslaufes in mehrere Wechselweiden (je nach den örtlichen Begebenheiten) hat sich ebenfalls als sehr sinnvoll erwiesen. Der unmittelbar stallnahe Bereich kann dabei oft nicht eingeschlossen werden, da dieser aufgrund der Anforderungen an die Anzahl der Auslaufklappen in der Regel komplett zur Verfügung gestellt werden muss. Direkt an die Nahzone anschließend sollte aber eine Unterteilung mit Geflügelnetzen vorgenommen werden. Dauerhafte Schäden der Grasnarbe können durch einen Wechsel der Weiden in geeignetem Abstand (je nach Witterung und Jahreszeit) weitgehend verhindert werden. Sollten trotzdem Schäden auftreten, können die entsprechenden Stellen nachgesät und so lange ausgezäunt werden, bis die

Nachsaat tief genug verwurzelt ist, um den Tieren wieder standhalten zu können.

Auch bei der Anpflanzung von Hecken kann auf den Nährstoffentzug Rücksicht genommen werden. So sollten in Stallnähe Sträucher mit einem hohen Nährstoffbedarf (wie z. B. Holunder, Hasel u. Ä.) gepflanzt werden.

Ein weiterer Grund für die stellenweise Zerstörung des Bewuchses stellt die intensive Nutzung der Bodenoberfläche als Sand- und Sonnenbadestelle dar. Überdachte Sandbadekisten schaffen hier Alternativen, die erfahrungsgemäß gut angenommen werden. Die Kisten sollten nicht zu groß und leicht beweglich sein, damit durch regelmäßiges Versetzen im Auslauf die übermäßige Strapazierung kleiner Teilflächen vermieden wird und ein zusätzlicher Anreiz entsteht, unterschiedliche Teile des Auslaufes zu nutzen.

Maßnahmen zum Auffangen von Nährstoffüberschüssen

Durch die beschriebenen Maßnahmen kann das Problem der ungleichen Verteilung der Nährstoffe auf die Fläche entschärft und ein gewisses Maß an Entzug gesichert werden. Es bleibt allerdings zu betonen, dass bei den heutzutage üblichen Herdengrößen von mehreren tausend Tieren die in Stallnähe zur Verfügung stehende Fläche (in Abhängigkeit von den Stallmaßen und der Anordnung der Ausläufe) als begrenzender Faktor bestehen bleibt. Auch wenn es gelingt, eine intensivere Nutzung der stallfernen Bereiche zu erreichen, wird nach wie vor ein Großteil der Nährstoffe in dem Bereich um den Stall ausgeschieden.

Betriebsindividuell muss deshalb geprüft werden, ob die Nährstoffkonzentrationen im Nahbereich tatsächlich im unproblematischen (durch die Pflanzen aufnehmbaren) Bereich liegen. Wenn dies nicht der Fall ist, gibt es die Möglichkeit als Verlängerung des Schlechtwetterauslaufes Auffangwannen für den Kot zu betonieren, die das Regenwasser mit den Nährstoffen in eine Grube leiten. Diese Maßnahme ist u. a. für Betriebe sinnvoll, die entsprechende Lagerkapazitäten haben. Wird sie bei anderen Betrieben notwendig, fallen erhebliche Zusatzkosten an. Eine weitere Alternative besteht darin, nach jedem Durchgang den Boden in diesem Bereich bis zur belasteten Tiefe zu entfernen und neuen, unbelasteten Boden aufzutragen. Der Einsatz von Rindenmulch oder ähnlichem Schüttmaterial in Stallnähe ist aus Sicht der Nährstoffbindung noch nicht ausreichend untersucht, wird aber als nicht sehr effektiv eingestuft.

Exkurs: Alternative Wege zum Geflügelglück

„Das Leben der Tiere lebenswert gestalten" ist das Motto von Roswitha Franzsander. Bei ihr und ihrem Mann spielen Hühner und Co. die Hauptrolle; die beiden sind „Robert's", einer der Großen der Bio-Geflügelszene. 100.000 Junghennen ziehen sie jährlich zur Vermarktung an Bio-Legehennenhalter auf. Außerdem wachsen 150.000 Masthähnchen, 35.000 Puten, 9.000 Enten, 3.000 Gänse auf dem Betrieb heran, um dann zum größten Teil innerhalb der eigenen Frischgeflügel-Produktpalette verarbeitet und vermarktet zu werden.

Roswitha Franzsander hat schon auf dem elterlichen, konventionellen Geflügelaufzuchtbetrieb gelernt, welche Bedürfnisse das Federvieh hat. Mit den Jahren der Erfahrung wuchs auch die Erkenntnis, dass nur eine andere Haltung und ein anderer Umgang mit den Tieren deren Ansprüchen gerecht wird.

Alle Tiere haben Zugang zu überdachten Ausläufen, die Stallwände sind in hellen Farbtönen gestrichen, Radios sorgen zu bestimmten Tageszeiten für musikalische Unterhaltung und nicht zuletzt werden Luftballons (sie werden nicht kaputt gepickt) und Strohballen als Beschäftigungsmittel gegen die Langeweile eingesetzt. In die Ställe kommt relativ viel natürliches Licht. Wo man doch auf künstliche Lichtquellen angewiesen ist, wird ausprobiert, ob s. g. Tageslichtvollspektrumlampen einen positiven Effekt auf das Wohlbefinden der Tiere haben. Wohlbefinden und Gesundheit gehören nach den Erfahrungen von Roswitha Franzsander eng zusammen, deshalb werden z. B. täglich die Tränken ausgewaschen. Ins Trinkwasser kommt zudem zweimal die Woche „Kannes Brottrunk". Er wird auch nach jedem Tierdurchgang zur Desinfektion der Stallböden eingesetzt. Eine ähnliche positive Einflussnahme auf das mikrobielle Gleichgewicht verspricht sich Roswitha Franzsander vom Einsatz der sogenannten Effektiven Mikroorganismen, kurz EM (EM enthält ausgewählte Arten von Mirkoorganismen, vorherrschend Populationen von Milchsäurebakterien und Hefen, eine kleinere Anzahl von photosynthetischen Bakterien und andere Arten von Organismen). Auch sie werden über die Tränken gegeben, die zusätzlich mit Wasserbelebungssystemen versehen sind (Verfahren zur Wasserbelebung gehen davon aus, dass durch Ausbildung von Schleifen und Wirbeln in der freien Natur das Wasser Informationen aufnimmt, die es für Lebewesen wertvoll macht. Eine Methode der Wasserbelebung des Leitungswasser ist z. B., es frei über Kaskaden laufen zu lassen). Unterstützt werden all diese Maßnahmen durch Naturheilverfahren, die zum Zuge kommen, wenn doch einmal Gesundheitsprobleme auftreten. Dann versucht Roswitha Franzsander durch Auspendeln (Die wohl bekannteste Anwendung der Radiästhesie liegt im Bereich des Auffindens von s. g. Erdstrahlen und der Wassersuche. Doch die Methode wird z. T. auch eingesetzt um die energetische Wirkung von Medikamenten zu messen) zu ergründen, welche Methode (Homöopathie, Bachblüten oder Bioresonanztherapie) helfen kann. Mit Erfolg, denn schon seit einigen Jahren musste bei Robert's kein Tier mehr schulmedizinisch behandelt werden.

Auch in Sachen Impfungen verdient die Pharmaindustrie nicht viel bei Franzsanders. Hähnchen und Puten erhalten nur die gesetzlich vorgeschriebene eine Impfung im Gegensatz zu den sonst üblichen bis zu sechs Immunisierungen. Lediglich die Junghennen wurden bislang standardmäßig durchgeimpft, auch weil es der Kunde – sprich der Bio-Legehennenhalter – so erwartet. Demnächst möchte Roswitha Franzsander auch hier auf die Bremse treten, was viel Überzeugungsarbeit bei den Abnehmern bedeutet.

Ihre Erfahrungen in Seminaren weiterzugeben, sieht die Geflügelhalterin als eine neue Herausforderung für die Zukunft. Sie weiß, dass viele Leute erst einmal skeptisch sind, wenn sie anfängt von Pendeln, Astrologischer Beratung, Brottrunk und Bioresonanz zu erzählen. Am Ende aber zählt, wie es den Tieren gesundheitlich geht – und der wirtschaftliche Erfolg. Und der gibt Roswitha Franzsander und ihrem ungewöhnlichen Management eindeutig Recht.

Claudia Schievelbein

8 Qualitätsmanage-ment-Systeme (QM-Systeme)

Boris Liebl

Mit dem Aufbau, der Einführung und der Pflege von Qualitätsmanagement-Systemen wird stets ein Ziel verfolgt: die Vermeidung von Fehlern. Dies ist Voraussetzung, eine angestrebte Qualität zu erreichen und damit den eigenen und auch den externen Qualitätsanforderungen zu genügen.
Die Einführung und Umsetzung eines Qualitätsmanagement-Systems im Unternehmen ist eine strategische Entscheidung. Die Auswahl, die Gestaltung und die Verwirklichung des QM-Systems wird von sich verändernden externen Erfordernissen (z. B. Kundenvorgaben, gesetzlichen Vorgaben), besonderen Zielen, den bereitgestellten Produkten, den angewendeten Prozessen und der Größe und Struktur der Organisation beeinflusst.
Durch ein s. g. „risikoorientiertes Vorgehen" beim Aufbau und der Umsetzung von Qualitätssicherungssystemen wird angestrebt, eine maximale Reduzierung der vorhandenen Risiken zu erreichen. Grundsätzlich werden bei risikoorientierten QM-Systemen

nur an denjenigen Stellen Maßnahmen ergriffen, an denen ein großes Risiko vorhanden ist und dieses durch geeignete Maßnahmen reduziert werden kann.
Vor dem Aufbau eines eigenen Systems sollte sich der Betriebsverantwortliche umfassend informieren. Hierbei sollten die

* Wünsche der Kunden,
* Trends im Handel,
* für die Investition zur Verfügung stehende Finanzen,
* vorhandenen Einzelmaßnahmen und deren Kosten,
* betriebsspezifischen Risiken und
* Erfahrungen ähnlicher Betriebe mit dem Aufbau eines QM-Systems erfasst werden.

Zum Aufbau von eigenbetrieblichen Systemen zur Qualitätssicherung kann es auch sinnvoll sein, auf bestehende Standards für Qualitätssicherungssysteme zurückzugreifen (DIN/EN/ISO 9001, Q + S, EUREPGAP). Diese beinhalten in der Regel Ausführungen zu folgenden Themen:

* Zielvorgaben zur Nahrungsmittel-/Produktsicherheit;
* sorgfältige Überprüfung der Rückverfolgbarkeit;
* arbeiten mit Vorgabedokumenten;
* Auswertung der Qualitäts-Aufzeichnungen;
* nachweisbare und transparente Analysen zur Qualitätssicherung;
* sorgfältige Dokumentation;
* kontinuierliche Qualifikation der Mitarbeiter.

8.1 Anforderungen an die Dokumentation

Die Dokumentation des Qualitätsmanagements-Systems dient im Wesentlichen zwei Zielen:

- intern: zur Information der Mitarbeiter und
- extern: als Nachweis für geplante und durchgeführte Eigenkontrollmaßnahmen.

Bei der Strukturierung einer Dokumentation sollte das Ziel verfolgt werden, eine hohe Transparenz für die geplanten und durchgeführten Prozesse herzustellen. Dabei sind grundsätzlich alle wichtigen Regelungen und Zuständigkeiten sowie alle relevanten Tätigkeiten zu dokumentieren.

Eine Dokumentation gliedert sich häufig in drei Ebenen:

- Allgemeine Grundlagen zur Qualitätssicherung (z. B. ein QM-Handbuch)
- Beschreibung der Abläufe (Prozess- oder Verfahrensbeschreibungen)
- Bearbeitung/Anfertigung weiterer Formulare und Checklisten als Qualitätsnachweise.

Weder die EG-Öko-Verordnung noch privatwirtschaftliche Qualitätsmanagement-Standards machen verbindliche Vorgaben zur Art und Weise der Dokumentation. Somit bleibt jedem Unternehmen die Entscheidung überlassen, wie Aufzeichnungen vorzunehmen und Dokumentationen zu strukturieren sind, um – angepasst auf die eigenen Bedürfnisse – eine für interne und externe Nutzer adäquate Transparenz zu schaffen. Es bietet sich an, auf Musterdokumente vorhandener Standards für QM-Systeme zurückzugreifen und diese gegebenenfalls an betriebliche Besonderheiten anzupassen und durch weitere betriebsspezifische Dokumente zu ergänzen.

Eine Standardisierung der Dokumentation bietet Vorteile. Durch den einheitlichen Aufbau der einzelnen Dokumente und eine in sich schlüssige Systematik wird Transparenz gewährleistet und auf Vollständigkeit geachtet. Externen Nutzern oder neuen Mitarbeiter wird der Zugang erleichtert. Insbesondere in Unternehmen mit wenig Personal und klarer Führungsstruktur ist die Reduzierung auf das Notwendige sinnvoll und erlaubt.

Bei der Entwicklung eines neuen Dokumentations-Schemas sollte berücksichtigt werden, dass:

- Dokumente in der aktuellen Fassung an den jeweiligen Einsatzorten verfügbar sind
- Dokumente eindeutig identifiziert werden können
- keine veralteten Dokumente eingesetzt werden
- Aufzeichnungen lesbar und wieder auffindbar sind sowie entsprechend einer zuvor festgelegten Zeit aufbewahrt werden.

Alle Dokumente sollten deshalb mit folgenden Angaben versehen werden:

- Dokumentennummer
- Dokumentenname
- Datum der Veröffentlichung und Gültigkeitsbeginn des Dokumentes
- Angabe des Verantwortlichen für Dokumentveröffentlichung und -genehmigung.

8.2 Personal und Verantwortlichkeiten

Verantwortlichkeiten

Die Verantwortung für die Qualität der Produkte und Dienstleistungen sowie aller damit verbundenen Tätigkeiten liegt grundsätzlich bei der Geschäftsführung bzw. Betriebsleitung. Die Verantwortung kann aber von dieser ganz oder teilweise delegiert werden, sofern die betroffenen Mitarbeiter ihre Aufgabe kennen. Somit ist es für den Aufbau eines QM-Systems bedeutsam, die Aufgaben, Befugnisse und Verantwortlichkeiten von Mitarbeitern festzulegen. Insbesondere Mitarbeiter, die direkt mit Maßnahmen zur Tiergesundheit, der Futter- bzw. Lebensmittelsicherheit befasst sind, müssen über Sicherheits- oder Hygienevorgaben entsprechend informiert sein. Verantwortlichkeiten, Befugnisse und Aufgabenbereiche aller Mitarbeiter sind idealerweise in Stellenbeschreibungen sowie Arbeitsanweisungen und/oder Prozessbeschreibungen festgelegt.

Personal

Qualitätsmanagementsysteme müssen von allen Mitarbeitern eines Unternehmens bei der täglichen Arbeit umgesetzt und gelebt werden. Hierzu muss die Betriebsleitung sicherstellen, dass die zur Verfügung stehenden personellen Kapazitäten zur Bewältigung des Arbeitsvolumens ausreichen, und die mit Aufgaben betrauten Mitarbeiter hierzu entsprechendes Wissen und die notwendigen Fähigkeiten besitzen.

Mitarbeiter müssen entsprechend ihrer Tätigkeit ausreichend ausgebildet und unterwiesen werden. Die Qualifikationen der Mitarbeiter, die selbstverständlich auch Berufserfahrung, Weiterbildungen, Schulungen und Unterweisungen umfassen, sind zu dokumentieren. Hier bieten sich beispielsweise Personalkarten an, auf denen die Einsatzbereiche, Schulungen und Unterweisungen eingetragen werden. Diese werden sowohl vom Personalverantwortlichen als auch von den Mitarbeitern abgezeichnet. Zu einer gewissenhaften Personalführung gehört auch eine, der Tätigkeit des Mitarbeiters entsprechende, Beaufsichtigung und Kontrolle. Hierzu sollte vom Personalverantwortlichen regelmäßig die Qualität der Arbeitsergebnisse sowie die anzufertigende Dokumentation geprüft werden. Abweichungen zu den Vorgaben des QM-Systems sind zusammen mit den Mitarbeitern zu hinterfragen, sowie Methoden für eine Verbesserung festzulegen.

Subunternehmen

Werden Subunternehmen mit der Übernahme einzelner Arbeitsgänge (z. B. Lohnmischung von Futtermitteln) bzw. der Durchführung von Prozessen (z. B. Schädlingsmonitoring und -bekämpfung) beauftragt, ist dies schriftlich zu vereinbaren. Hierbei ist sicherzustellen, dass den Subunternehmern die Produktionsanforderungen (z. B. Bioland-Richtlinien) bekannt sind und von ihnen eingehalten werden.

8.3 Gebäude und Anlagen

Die Gelände und Gebäude müssen für die Nutzung (Stall, Lagerung von Eiern usw.) geeignet sein. Für den Bau, die Gestaltung und auch Instandhaltung der Gebäude dürfen keine Materialien (auch z. B. Anstriche, Pflegemittel) verwendet werden, die zu einer Beeinträchtigung der Tiergesundheit oder der Endproduktqualität führen können.

Vor einer Neunutzung bzw. Umwidmung von Gebäuden und Flächen ist deren Eignung zu überprüfen. In Zweifelsfällen sind Analysen durchzuführen oder Gutachten von Experten einzuholen. Die Eignungsprüfung ist zu dokumentieren um sie gegenüber Dritten (z. B. Kontrollstellen, Veterinärämtern oder der amtlichen Lebensmittelüberwachung) belegen zu können.

In einem Übersichtsplan, der alle zum Betrieb gehörenden Flächen und Gebäude umfasst, ist die Art der Nutzung zu verzeichnen. Soweit dies zweckmäßig ist, sind detaillierte Pläne einzelner Räume und Anlagen zu verfassen und zu beschriften (z. B. Aufteilung von Lagerstätten, Kennzeichnung von Lagersilos).

8.4 Hygiene

Eine optimale und hohe Betriebshygiene ist eine der besten prophylaktischen Maßnahmen zum Schutz von Tieren und Menschen vor der Infizierung mit Krankheitserregern (siehe auch Kapitel 7.3).

Produktions- und Lagerräume (inklusive Stallungen) sollten ausschließlich mit geeigneter Schutzkleidung betreten werden. Diese Regelung sollte sowohl für Betriebsangehörige als auch Betriebsfremde (Besucher, Dienstleister) gelten. Betriebsfremden ist eine geeignete (Einweg-) Kleidung (Overall und Füßlinge) zur Verfügung zu stellen.

Im Eingangsbereich zu Betriebsräumen, in denen eine spezielle Schutzkleidung zu tragen ist, müssen Räumlichkeiten vorhanden sein, die allen Personen die Möglichkeit bieten, vorher diese Kleidung anzulegen. Es bietet sich an, diese Schmutzschleuse bzw. -grenze optisch hervorzuheben und mit Schildern auf die Pflicht zum Tragen der Schutzkleidung hinzuweisen. Auch sind an den Zutrittspunkten zu den Produktionsbereichen ausreichende Möglichkeiten zum Händewaschen (mit warmem Wasser) vorzuhalten. Die Toilettenausgänge sollten nicht direkt in Stallungen, Verarbeitungs- oder Lagerbereiche führen.

Rauchen, Essen und Trinken ist nur in speziell dafür ausgewiesenen Bereichen gestatten; diese sollten in einer angemessenen Entfernung zum Arbeitsplatz liegen.

Für den Krisenfall sind Vorrichtungen zur Reinigung und Desinfektion von Geräten und Werkzeug sowie Fahrzeugreifen jederzeit einsatzbereit zu halten.

Die Produktionsräume sollten eine einfache und wirkungsvolle Reinigung bzw. Desinfektion ermöglichen. Zur Reinigung aller Räume und Gebäude sowie der Außenanlagen sind in Form von Plänen Mindestfrequenzen der Reinigung festzulegen. Die Einhaltung dieser Vorgaben ist regelmäßig zu überprüfen und sicherzustellen.

Die im Sonnenlicht enthaltenen UV-Strahlen haben eine keimtötende Wirkung, nach einer Ausstallung sollten daher alle Stallgegenstände, soweit dies möglich ist, ausgebaut und für einige Tage der Sonne ausgesetzt werden. Im Sommer kann es zudem vorteilhaft sein, Glasfenster durch Drahtgitter zu ersetzen, so dass die Sonnenstrahlen direkt in den Stall gelangen können.

Mittels geeigneter Monitoringmaßnahmen ist der Schädlingsbefall auf dem Betriebsgelände zu überwachen. Dem Befall durch Schadnager oder Wildvögel ist durch bauliche Maßnahmen vorzubeugen. Sollten Schädlinge bekämpft werden, ist sicherzustellen, dass alle relevanten gesetzlichen und privatrechtlichen Vorgaben (z. B. Verbandsrichtlinien) eingehalten werden.

Sowohl das Monitoring als auch die Schädlingsbekämpfung sollte angemessen dokumentiert werden.

8.5 Futtermittel

Die Qualitäten der eingesetzten Futtermittel, unabhängig davon, ob sie selbst erzeugt oder zugekauft wurden, beeinflussen die Qualität der erzeugten Endprodukte.

Ökologisch wirtschaftende Betriebe müssen sicherstellen, dass ihre Tiere ausschließlich mit Futtermitteln gefüttert werden, die den Anforderungen der EG-Öko-Verordnung entsprechen. Für Betriebe, die Mitglied in einem Verband des ökologischen Landbaus sind, gelten zudem deren Erzeugungs-Richtlinien.

Im Falle eines Zukaufs von Futtermitteln sollten sich die Tierhalter die Qualität der Futtermittel schriftlich bestätigen lassen. Hierfür bieten sich s. g. Spezifikationen an, in denen das Unternehmen die gewünschten Eigenschaften (z. B. Weizen, als Einzelfuttermittel einsetzbar, in Bioland-Qualität) definiert.

Die gesetzlichen Vorschriften stellen im Allgemeinen die Mindestanforderungen dar, diese werden somit nicht im Detail aufgeführt. Ein genereller Verweis, wie etwa: „Unerwünschte Stoffe: Es gelten die Grenzwerte der Richtlinie 2002/32/EG", kann hilfreich sein. (Im Anhang I der EG-Richtlinie Nr. 2002/32 sind unerwünschte Stoffe [z. B. Schwermetalle, Aflatoxine, Mutterkorn und Unkrautsamen] sowie deren zulässige

Höchstgehalte aufgeführt. Die Richtlinie wurde mit der 6. Verordnung zur
Änderung der futtermittelrechtlichen
Verordnungen in nationales Recht
umgesetzt. Durch die EG-Richtlinie
wurde auch das zuvor geltende s. g.
„Landwirteprivileg" [Abweichung von
bis zum 2,5-fachen der festgesetzten
Höchstgehalte an unerwünschten
Stoffen bei Erzeugung und Verfütterung von auf dem eigenen landwirtschaftlichen Betrieb erzeugten Einzel-
futtermitteln] gestrichen.)

Manche Rohstoffe bzw. deren Her-
stellungsprozesse bergen spezielle
Gefährdungen, die dem Lieferanten
bekannt sind, dem Abnehmer jedoch
möglicherweise nicht. Um sicherzustellen, dass der Lieferant diese
Informationen frühzeitig liefert, wird
er dazu verpflichtet, auf mögliche kri-
tische Inhaltsstoffe (endogener Herkunft oder exogener Kontaminaten)
oder Verfahren hinzuweisen. Auf die
Spezifikation wird bei der Bestellung
und der Lieferung verwiesen.

Bei der Anlieferung von Futtermitteln ist eine Warenannahmeprüfung
durchzuführen. Hierbei ist mindestens
zu überprüfen ob,

- die gelieferte Ware den bestellten
  Qualitätsanforderungen entspricht
- die Ware entsprechend der Anforderungen der EG-Öko-Verordnung
  bzw. der Futtermittelverordnung
  in einem verschlossenen Gebinde
  angeliefert wurde
- die Warenbegleitpapiere den gesetzlichen Anforderungen genügen.

Die Wareneingangsprüfung ist zu
dokumentieren. Hierbei empfiehlt
es sich einen Stempel anfertigen zu
lassen. Somit lässt sich mit einem
Stempelabdruck und einer Unterschrift direkt auf den Wareneingangs-
dokumenten dokumentieren, dass die
Standard-Prüfung durchgeführt und
keine Abweichung festgestellt wurde.
Festgestellte Abweichungen sind prä-
zise zu beschreiben.

Bei der Warenannahme können
Mängel an der Lieferung festgestellt
werden, die Zweifel an der gelieferten Qualität aufkommen lassen. Dem
mit der Warenannahme betrauten
Mitarbeiter muss bekannt sein, welche Maßnahmen in einem solchen
Fall zu ergreifen sind (z. B. Information des Vorgesetzten, Ablehnung
der Lieferung). Die zu ergreifenden
Maßnahmen sind für den Mitarbeiter
verständlich schriftlich zu dokumentieren und ihm zugänglich zu machen
(z. B. in Form einer Arbeitsanweisung
oder eines Posters).

Generell empfiehlt es sich bei Futtermitteln Rückstellmuster zu nehmen
und aufzubewahren. Inzwischen ist
es bei vielen Futtermittellieferanten
üblich, dass diese mit jeder Futtermit-
tellieferung ein versiegeltes Rückstellmuster mitliefern. In diesen Fällen er-
übrigt sich eine eigene Probennahme.
Die Probennahme sollte bei losen
zugekauften Futtermitteln bei der
Warenannahme in Anwesenheit des
Lieferanten, bei Sackware erst zum
Zeitpunkt der Öffnung des Gebindes
erfolgen. Bei Selbstmischern ist eine

Produkt	**Bioland Umstellungs-Futter-Weizen**
Produktbeschreibung	Körner von Triticum aestivum L.
Verwendungszweck	Als Futtermittel-Ausgangserzeugnis/ Einzelfuttermittel in der Fütterung der ökologischen Tierhaltung unter Beachtung der Fütterungsvorschriften (insbes. max. Anteile an der Gesamtration) der Vo (EWG) Nr. 2092/91 bzw. der Bioland-Richtlinien einsetzbar.
Allgemeine Erfordernisse	Die Rohware entspricht der EU-Öko-Verordnung (EWG) 2092/91, dem Futtermittelgesetz, der Futtermittelverordnung und der übrigen Gesetzgebung in der jeweils aktuellen Fassung
Sensorische Anforderungen	Aussehen: Typisch, überwiegend ganze Körner, keine untypischen Verfärbungen Geruch: Arttypisch, gesund
Weitere Merkmale	Produktfeuchte: Maximal 14,5 % Schüttdichte: 73,5 kg/hl Produkt-Temperatur: 8 – 15 °C
Besatz/Reinheit	Anteil an Bestandteilen, die kein einwandfreies Grundgetreide sind: max. 12,5 % Definition der Besatzfraktionen nach VO (EG) Nr. 824/2000 Fremdgetreide und Schwarzbesatz (Unkrautsamen, verdorbene Körner, Brandbutten, Steine, Staub, Spelzen): max. 2 % davon Schwarzbesatz: max. 0,5 % davon Mutterkorn: max. 0,1 % Schmachtkorn: max. 10 %
Mikrobiologische Anforderungen/Schädlinge	- kein Befall mit lebenden und toten Getreidevorratsschädlingen (einschließlich Milben in jedem Stadium) - frei von Fraßspuren von Getreidevorratsschädlingen - Schimmelpilze: $< 10^2$ Keime/ g Weizen
Unerwünschte Stoffe/ chem. Kontaminanten	- Mykotoxine laut Mykotoxin- Höchstmengenverordnung, VO (EWG) Nr. 472/2002, VO (EG) Nr. 466/2001 Aflatoxin B1 2 µg/kg Aflatoxine Summe 4 µg/kg Ochratoxin A 5 µg/kg - Deoxynivalenol (DON) 500 µg/kg (Messung mit HPLC) - Zearalenon 50 µg/kg - Schwermetalle: Blei 0,2 mg/kg Cadmium 0,1 mg/kg
Haltbarkeit	bei sachgerechter Lagerung und Einhaltung der Rohwaren-Spezifikationen: mindestens 24 Monate
Rechtliche Regelung	Diese Spezifikation ist Grundlage für die jeweils getroffenen Kontraktvereinbarungen.

Datum:. . . . . .Unterschrift:. . . . .

Quelle: Boris Liebl

Abbildung: Beispiel einer Rohwarenspezifikation für Bioland-Umstellungs-Futter-Weizen.

Beprobung aller Einzelkomponenten sowie der fertigen Mischung ratsam. Die Probennahme ist zu dokumentieren. Wenn möglich sollte der Lieferant die genommene Probe mit seiner Unterschrift als repräsentativ anerkennen.

Rückstellproben Futtermittel
Foto: Christoph Ziechaus

Die Lagerhaltung der Futtermittel sollte stets nachvollziehbar dokumentiert werden (Daten von Warenbewe-

gungen, Chargennummern, Mengen, Lieferanten). Hierbei muss darauf geachtet werden, dass jedes Gebinde/ jeder Lagerort eindeutig beschriftet ist. Das Prinzip „first in – first out" sollte konsequent verfolgt werden, d. h. zu erst gelieferte Ware wird auch als erstes eingesetzt.

Betriebe, die Futtermittel selber mischen bzw. Subunternehmen hiermit beauftragen, sollten für die verschiedenen Mischungen ein Mischprotokoll bzw. eine Rationsberechnung anfertigen, aus der die Anteile der Komponenten hervorgehen. Bei der Beauftragung von Lohnunternehmen zur Futtermischung sollte der Tierhalter sicherstellen (und sich schriftlich bescheinigen lassen), dass in den letzten zwei hergestellten Chargen keine problematischen Komponenten wie beispielsweise konventionelles Soja, Leistungsförderer oder synthetische Aminosäuren eingesetzt wurden. Dies sollte vom Tierhalter zudem mittels Stichprobe überprüft werden. Generell sollte der Tierhalter bei der Mischung der Futterkomponenten anwesend sein. Bei jeder Mischung ist folgendes zu dokumentieren:

- Subunternehmer mit Kontaktdaten (falls relevant)
- Bezeichnung und Kennzeichen der Mischanlage (falls nicht mit der eigenen gearbeitet wird)
- Vorhergehende Mischungen (mit Auslobung der kritischen Komponenten, wie z. B. GVO-Erzeugnisse und Mineralstoffe)

Eine eindeutige Dokumentation der Probennahme im Probenahmeprotokoll beinhaltet mindestens folgende Angaben:
- Probencodierung / -bezeichnung
- Art der beprobten Ware
- Ort/Datum der Entnahme
- Name des Probennehmers
- Grund / Umstände der Probennahme
- Lagerbedingungen (Dauer, Ort, Zeitraum)

- vor der Produktion durchgeführte Reinigung und hierzu eingesetzte Produkte
- zugekaufte Futtermittelbestandteile (inklusive Chargenbezeichnung, Musterkennzeichnung)
- selbstproduzierte Futtermittelbestandteile (inklusive Chargenbezeichnung, Musterkennzeichnung)
- Berechnung der folgenden Anteile:
  - Anteil A-Ware
  - Anteil Umstellungs-Ware
  - Anteil konventioneller Ware
  - Anteil Verbandsware (wenn relevant)
  - Anteil betriebseigene Ware (wenn relevant).

8.6 Jungtiere

Die Bestellung von Jungtieren sollte möglichst frühzeitig erfolgen. Zusammen mit dem Züchter sollte der Tierhalter bei der Bestellung das Impf- und Prophylaxeprogramm für die zu liefernden Tiere festlegen.

Um den Jungtieren den Übergang in die neuen Stallungen einfach zu gestalten, sollten möglichst viele Parameter der letzten Aufzuchtsphase beibehalten werden. Der Tierhalter sollte sich deshalb beim Züchter über die Beleuchtung (Tageslichtlänge sowie Beginn und Ende) und das Futter (Typ, Hersteller, aufgenommenen Menge / Tag) informieren. Es empfiehlt sich die Jungtiere 14 Tage mit dem Futter des Aufzüchters weiterzufüttern.

In einem schriftlichen Übergabeprotokoll werden folgende Angaben vermerkt:

- Anzahl der gelieferten Tiere (Hennen und Hähne)
- Durchschnittsgewicht
- optischer Eindruck bei der Einstallung
- Bescheinigungen (Impfungen, Lebenstierbeschau usw.).

Vom Züchter sind Angaben über Erkrankungen oder Auffälligkeiten (z. B. Federpicken) in den ersten Lebenswochen der gelieferten Tiere zu verlangen.

In den ersten Tagen nach der Einstallung sollte die Qualität der Tiere beurteilt werden (z. B. Gewicht, Kamm, Bildung und Pigmentierung von Schnabel, Ständer und Zehen, Gefieder). Etwaige Mängel sind dem Lieferanten unverzüglich schriftlich mitzuteilen.

8.7 Haltung

Um Probleme im Tierbestand frühzeitig zu erkennen sowie angemessen und schnell reagieren zu können, sollte der Bestand zweimal täglich kontrolliert werden. Hierbei sollten auch die wichtigsten Kennzahlen (Wasserverbrauch, Futterverbrauch, Tiergewicht, Legeleistung) täglich erfasst werden. In einem Stallbuch sind diese Daten, die Verabreichung von Medikamenten oder Konstitutionsmitteln sowie die Reinigung von Stallungen und sonstigen Betriebsräumlichkeiten zu dokumentieren. Auch

Besucher, die die Produktions- und Lagerstätten betreten (z. B. Tierärzte, Kunden), müssen vermerkt werden. Eine regelmäßige Analyse von Kotproben (z. B. auf Salmonellen und Endoparasiten) kann weitere wichtige Erkenntnisse über den Gesundheitszustand der Tiere liefern. Auch belegt der Tierhalter mit solchen Monitoring-Untersuchungen seine Bemühungen um den Gesundheitsstatus der Tiere.

Neben der Dokumentation ist die Auswertung der erfassten Daten wichtig. Um Tendenzen frühzeitig erkennen zu können, kann beispielsweise die Erfassung in einem X-Y-Diagramm (z. B. Tieralter zu Tiergewicht) sinnvoll sein. Wird die Arbeit im Stall und deren Dokumentation an Mitarbeiter delegiert, sollte der Verantwortliche regelmäßig die Arbeiten und Aufzeichnungen überprüfen. Denkbar wäre hier die Auswertung der erfassten Daten in einem wöchentlichen Gespräch und eine gemeinsame Bestandskontrolle mit dem Mitarbeiter.

In der Praxis zeigt sich zudem, dass bei einer Optimierung der Haltung externe Berater eine große Hilfe sein können. Diese Experten können sich durch die Dokumentation ein exaktes Bild vom Status quo machen und somit eine professionelle individuelle Betriebsberatung durchführen.

Eier stempeln und wiegen
Foto: Christoph Ziechaus

9 Bio-Geflügelhaltung aus betriebswirtschaftlicher Sicht

Willy Baumann

9.1 Wirtschaftlichkeitsfaktoren der ökologischen Eierproduktion

Ein neuer Legehennenstall oder Aufzuchtstall, nach den neuen Richtlinien erstellt, kostet rund 220.000,– bis 260.000,– € für 3.000 Legehennen oder für 2 x 3.000 Junghennen unter einem Dach. Für 3.000 Hühner müssen je Tierplatz 75,– bis 95,– € kalkuliert werden und für 6.000 Junghennenplätze in einem Volierenstall sollten 35,– bis 45,– € veranschlagt werden, wenn alle Ausgaben und Eigenleistungen an Arbeit und Material mitgerechnet werden. Die neu erstellten Legeställe der letzten 5 Jahre bestätigen diese Annahmen.

Neben den Bau- und Futterkosten sind die folgenden Annahmen für die Kostenrechnung von entscheidender Bedeutung:
- *Legeleistung:* Wie viele Eier legt die eingestallte Henne? Sind es 265, 280 oder 295 Eier in 49 Legewochen.
- *Arbeitsentschädigung:* Ob die eigene Arbeitsleistung mit 5,– oder 17,50 € je Stunde inklusive Sozialleistungen und Urlaubsanteil veranschlagt wird, macht eine Differenz von rund 21.000,– € aus.
- *Tatsächliche Arbeitsleistung:* Die Mehrheit der Hühnerhalter hat wahrscheinlich noch nie eine eigene, vollständige Arbeitszeiterhebung für den eigenen Betrieb gemacht. Werden nämlich alle Arbeitsstunden, auch das Eintreiben der Hennen am späten Abend, mitgezählt, so läppern sich für die 3.000 Auslaufhennen schon 1.500 bis 2.000 Stunden zusammen, je nach Technisierungsstandard.
- *Rückstellungen für Produktionsrisiken:* In den übrigen Wirtschaftszweigen werden erhebliche Rückstellungen für Produktionsrisiken getätigt; in der Landwirtschaft wird nicht einmal daran gedacht.

Die folgenden Modellrechnungen für die Eierproduktion und die Junghennenaufzucht sollen als Diskussionsgrundlage dienen und zum Überprüfen der eigenen Situation animieren. Die Darstellungen in meinen Kalkulationen weichen sicher von vereinfachten Mustern der betriebswirtschaftlichen Berechnungen in Deutschland und Österreich ab, aber benutzen Sie diese Modellrechnungen als Checkliste für Ihren eigenen Betrieb. In der Schweiz haben wir in der Bio-Eierproduktion von Beginn an mit der Vollkostenrechnung kalkuliert und unsere Verkaufspreise auf dieser Basis festgelegt.

9.2 Erläuterungen zu den Modellrechnungen von Bio-Eiern und Junghennen

Da Hühnerhalter unterschiedliche Vermarktungsformen für ihre Bio-Eier wählen und damit unterschiedliche Kostenstrukturen haben, muss eine Schnittstelle zwischen Produktion und Vermarktung definiert werden, um die Berechnungsmodelle vereinheitlichen zu können: Der eine verkauft einen Teil seiner Eier an den Einzelhandel, ab Hof und auf dem Wochenmarkt, und der Rest geht an den Großhandel. In der Regel verfügt er über eine Packstelle. Der andere produziert ohne eigene Packstelle als Vertragspartner für den Großhandel. Für mein Berechnungsmodell habe ich folgende Schnittstelle gewählt: Die Eier werden von Auge sortiert, Schmutz- und Knick-Eier aussortiert und auf 30er-Kartons oder Höcker verpackt. Die Berechnung basiert auf einem Legehennenstall für 3.000 Hennen und einem Aufzuchtstall mit 6.000 Junghennenplätzen, in zwei Herden à 3.000 Tiere unterteilt. Damit beim Ausstallen im Normalfall mindestens 2 x 3.020 Junghennen zur Verfügung stehen, sollten 4 bis 5 % mehr Küken eingestallt werden können. Für die Junghennenaufzucht ist die Schnittstelle der Produktionskosten zwischen Produktion und Vermarktung; bei den in Kisten verpackten Junghennen ab Hof. (Sämtliche Preise der zugekauften und verkauften Waren und Leistungen und der in den Berechnungsmodellen sind inklusive der entsprechenden Mehrwertsteuersätze).

- *Anfangsbestand* Bestand bei Legebeginn mit 20 Alterswochen.
- *Endbestand* Die Normabgänge der verschiedenen Hybriden liegen zwischen 0,1 bis 0,14 % je Legewoche. Wir rechnen mit 8 % bei 345 Produktionstagen (Raubwild).
- *Produktionsdauer* Für einen Jahresumtrieb können wir mit 345 Produktionstagen rechnen.
- *Umtriebsdauer* Um die Eierproduktion bei Einaltersbetrieben möglichst gut auf die Nachfrage abzustimmen, ist es sinnvoll mit dem Jahresumtrieb die Produktionsplanungen zu berechnen. Bei mehreren Herden können die Umtriebszeiten flexibler gestaltet werden.
- *Körnermischung* 25 g Körnermischung je Durchschnittshenne (DH) ist ein idealer Anteil am Gesamtfutter. Bei entsprechender Anpassung des Ergänzungsmehls kann die Körnergabe bis auf 45 g gesteigert werden.
- *Legehennenmehl zu Körner* steht den Hennen über die Futterkette zur freien Verfügung. Gemäß verschiedenen Auswertungen frisst die Durchschnittshenne (DH) 80 bis 105 g Legeergänzungsmehl je nach Körnermenge. Mit der Kettenfütterung kann die Mehlaufnahme über die Anzahl Futterzeiten etwas beeinflusst werden.

- *Gesamtproduktion* ist die gesamte Eierproduktion je Anfangshenne (AH) oder je eingestallte Henne (Anfangsbestand). Die Eileistung je AH ist tiefer als die Legeleistung nach Futtertagen oder je Durchschnittshenne (DH). Die Berechnung der wöchentlichen Leistung nach Futtertagen zeigt das aktuelle Leistungsvermögen der noch anwesenden Hühner.
- *Großeier > 53 g (M-, L- und XL-Eier)* Je nach Hybridherkunft, Aufzuchtkonzept, Einrichtung und Herdenbetreuung kann dieser Anteil zwischen 82 und 88 % schwanken.
- *Kleineier (S-Eier)* Die Anzahl S-Eier (< 53 g) sind ebenfalls von der Linie und vom Aufzuchtmanagement abhängig.
- *Knick- und Schmutzeier* In dieser Kategorie sind Knickeier, unförmige, weichschalige und Schmutzeier zusammengefasst.
- *Suppenhennen* Mittelschwere und schwere Hennen können als weißes Bio-Fleisch vermarktet werden.
- *Düngerwert* Der Geflügelmist ist ein hochwertiger Stickstoff- und Phosphordünger, der in einer Vollkostenrechnung als Ertrag bewertet werden muss. Als Bewertungsgrundlage dient ein Richtpreis von 60 Cent je kg verfügbaren Stickstoff N. Je nach Futtergehalt, Futteraufnahme und Leistung können die Zahlen variieren. Die entsprechenden Werte sind in den Rechnungsmodellen aufgeführt.
- *Bio-Junghennen* Der aktuelle Preis für 18-wöchige Bio-Junghennen ist gemäß Modellkalkulation 10,10 €.
- *Allgemeine variable Kosten* In diesem Betrag sind sämtliche Kosten eingerechnet, die nicht einzeln aufgeführt werden (Stempelfarbe, Strom, Wasser, Sand, Vitamine, Essig, Wiederholungen von Schutzimpfungen, Epidemieversicherung usw.)
- *Opportunitätskosten der Auslauffläche* Der Grünauslauf kann bei Legehennen nur für die Eierproduktion genutzt werden, also müssen wir einen Anteil des Deckungsbeitrages für eine gute Naturwiese oder die mögliche Nutzung als Ackerfläche in der Kalkulation berücksichtigen. 500,- € je ha ist ein tiefer Durchschnittswert zwischen Getreide und einer mittelintensiven Naturwiese.
- *Zinssatz* Die Investitionen und das Tierkapital werden mit 5 % verzinst.
- *Gebäudekosten* Die Gebäudeinvestitionen sollten normalerweise in 20 Jahren abgeschrieben werden, bei großem Preisdruck können auch 25 Jahre eingesetzt werden. Für Reparaturen muss 1 % kalkuliert werden.
- *Einrichtungskosten* Die Einrichtungen sollten in 10 Jahren abgeschrieben werden. Es gibt Einrichtungen, die 15 Jahre genutzt werden können. 2 % Reparaturkosten dürfen nicht fehlen.

- *Eierstempelungsanlage* Die Eierstempelanlage sollte wegen technischer Alterung in 7 Jahren abgeschrieben werden.
- *Arbeitskosten* Für 3.000 Legehennen setzen sich die 1.700 Arbeitsstunden für die Eierproduktion aus folgenden Teilarbeiten zusammen: 15 AKh Einstallen, 3,5 h tägliche Betreuung, Eiersammeln und stempeln, 300 h Weidemanagement, 120 h wöchentliches Entmisten und Kontrollieren, 150 AKh Endreinigung und Einrichten. Der Stundenansatz von 13,50 € ist meiner Meinung nach eher zu tief angesetzt. Korrekterweise sollten im Stundenansatz ebenfalls die Kosten für die Sozialabgaben, Ferienanspruch und Krankheitsanteil mit eingerechnet werden.
- *Rückstellungen für Produktionsrisiko* Grundsätzlich ist in der Bio-Landwirtschaft ein höheres Produktionsrisiko zu erwarten, insbesondere in der Hühnerhaltung. Es gibt Studien, welche das Risiko auf 7 % des Ertrages schätzen. Infektiöse Bronchitis, Mykoplasmose, Marek'sche Geflügellähme, Kokkzidiose, Würmer oder andere parasitäre Erkrankung können Leistungsdepressionen von bis zu 50 % und Tierabgänge bis 30 % auslösen. Das Salmonellenrisiko und die Bodenbelastung im stallnahen Auslaufbereich sind in der Freilandhaltung von Junghennen und Legehennen stark erhöht. 3 % jährliche Rückstellungen reichen im Schadensfall nicht weit.
- *Gewinn / Verlust* Die Nettorendite wird als Gewinn in Prozenten des Gesamtkapitals errechnet. In anderen Unternehmen wird eine Nettorendite als 2-stellige Prozentzahl erwartet.
- *Cashflow* Die objektbezogenen Einnahmenüberschüsse, Gewinn und Abschreibungen werden als Cashflow bezeichnet.

Bioland-Eierproduktion mit 3.000 Legehennen / 2004

Anfangs-Bestand	3.000 Stk.	Haltedauer bis Produktionsbeginn			10
Abgänge	8%	Produktionsdauer in Tagen			345
End-Bestand	2.760 Stk.	Umtriebsdauer in Tagen			365
Durchschnitts-Bestand	2.880 Stk.	Leerzeit			10

Gesamtproduktion je Anfangshenne	**278 Eier**	**80,5%**	**je DH**	**289 Eier**	**83,9%**
Eier > 53 g (Preis ab Stall inkl. 9% MwSt.)	**239 Stk.**	**86%**	**0,185 €**		

S-Eier	19 Stk.	7%	0,100 €		
Knick- und Schmutzeier	19	7%	0,040 €		
Schlachthennen	2.760 Stk.	0,25 €			
Düngerwert (34 kg verf. N/ 100 LH)	1.020 kg N	0,60 €			
Bio-Junghennen ab 1. AT (inkl. 7% MwSt.)		10,10 €			
Körnermischung je DH und Tag	0,025 kg	22,50 € ohne MwSt.			
Legehennenfutter zu Körner	0,100 kg	39 € ohne Mwst.			
Allgemeine variable Kosten		1,80 €			
Arbeit	1.700 Std.	13,50 €			
Opportunitätskosten Grünauslauf	5 m² Tier	500 €	Zinssatz	5%	
Gebäude-Investition	52,– €	156.000 €	Abschreibung/Rep.	25	1%
Einrichtungs-Investition	33,50 €	100.500 €	Abschreibung/Rep.	12	2%
Eierstempelanlage		7.950 €	Abschreibung/Rep.	7	5%

Kalkulation		**pro Umtrieb**	**pro Jahr**	**Ct./Ei > 53 g**	**€/AH**
Ertrag	**833.175**	**142.025 €**	**142.025 €**	**18,68**	**47,34**
Eier > 53 g (Preis ab Stall inkl. 9% MwSt.)	716.531 Stk.	132.588 €			
S-Eier	58.322 Stk.	5.832 €			
Knick- und Schmutzeier	58.322 Stk.	2.333 €			
Suppenhennen	2.760 Stk.	690 €			
Düngerwert (verf. N)	1.020 kg	612 €			

Aufwand					
Variable Kosten		**84.116 €**	**84.116 €**	**11,74**	**28,04**
Tierankauf inkl. 7% MwSt.	3.000 Stk.	30.300 €			
Körner Eigenproduktion	255,60 dt	5.751 €			
Lege-Mehl 20,5% RP zu Körner (inkl. 7% MwSt.)	1.022,40 dt	42.665 €			
Allgemeine variable Kosten		5.400 €			

Fixkosten	**pro Jahr**	**33.669 €**	**33.669 €**	**4,70**	**11,22**
Gebäudekosten	156.000 €	12.629 €			
Einrichtungskosten	100.500 €	13.349 €			
Eierstempelung	7.950 €	1.771 €			
Zinskosten für Tierkapital		909 €			
Rückstellungen Produktionsrisiko	3%	4.261 €			
Opportunitätskosten Grünauslauf	1,50 ha	750 €			

Arbeitskosten	**1.700 Std.**	**13,50 €**	**22.950 €**	**3,20**	**7,65**
Produktionskosten			**140.734 €**	**18,50**	**46,91**
Gewinn/Verlust			**1.291 €**	**0,18**	**0,43**
Cashflow			**17.042 €**	**2,38**	**5,68**

9.3 Zusätzliche Erläuterungen zur Aufzuchtkalkulation

Für die Kalkulation der Aufzucht von Junghennen müssen die gleichen betriebswirtschaftlichen Rahmenbedingungen wie bei den Legehennen angenommen werden. Verzinsung, Abschreibungssätze und Arbeitsentschädigung entsprechen den Eierberechnungen.

- *Aufzucht-Spanne* Die Aufzuchtspanne ist die Preisdifferenz zwischen dem Junghennenverkaufspreis ab Stall und dem Kükenpreis. Damit müssen sämtliche Kosten dieses Betriebszweiges bezahlt werden können.
- *Umtriebe je Jahr* Je nach Produktionsplanung der Legebetriebe können 2 bis 2,4 x Junghennen in einem Aufzuchtstall aufgezogen werden. Mit einer 2-teiligen Aufzucht könnten noch Kosten eingespart werden. Der beheizte und besser gedämmte Voraufzuchtstall könnte bis zu 6 x mit Küken belegt werden.
- *Impf- und Untersuchungskosten* Die Kosten für das Standardimpfprogramm werden im Modell separat ausgewiesen. Zusätzliche Nadelimpfungen sind nicht berücksichtigt.
- *Untersuchungskosten* In der 16. Alterswoche sollte aus Qualitätssicherungsgründen eine breite serologische Blutuntersuchung über den Immunisierungsstatus der wichtigsten Krankheiten, ge-

gen die geimpft worden ist, und den Status der nicht erwünschten Keime (Salmonellen) durchgeführt werden.

- *Rückstellungen Produktionsrisiko* 3 % ist die unterste Grenze, um das Risiko nicht vorhersehbarer Ausfälle abzufedern. In den Verwaltungs- und Logistikkosten werden zusätzlich 2 % Vermarktungsrisiken (Deklassierung von Öko-Junghennen) eingerechnet.
- *Opportunitätskosten* Da der Grünauslauf freiwillig ist, aber als Trainingslager für eine gute Bio-Junghenne wünschenswert wäre, werden 1 m^2 Fläche mit 60 % Nutzung für Opportunitätskosten eingerechnet.
- *Verwaltungs- und Logistikkosten (Handelsmarge)* Diese Kosten werden als Rahmen vorgegeben, da für die Kalkulation der Eierproduktion der Preis für die gelieferten Bio-Junghennen inklusive Mehrwertsteuer benötigt wird.

Bioland-Junghennen			6.150 Tierplätze		
Aufzucht-Spanne (JH-Preis ab Stall/Küken)			7,40 €		
	Anzahl	Preise			

	Anzahl	Preise			
Küken inkl. MwSt.	6.150 Stk.	0,75 €	Anfangs-Bestand		6.273
Engrosverkauf ab Stall	6.085 Stk.	8,15 €	Verluste		3%
Arbeit je Umtrieb	345 Std.	13,50 €	Durchschnittsbestand		6.179
Kükenfutter kg je Tier bis 63. AT	2.500 kg	44 €	Leerzeit je Umtrieb		35
Junghennenfutter 64. bis 126. AT	4.300 kg	36,50 €	Aufzuchtdauer in Tagen		126
Eigene Körner/Tier	0,3 kg	24 €	Umtriebe je Jahr		2,20
Heizkosten		0,18 €	Opportunitätskosten Grünauslauf		500 €
Allg. variable Kosten je Tier		0,35 €	Untersuchungskosten		200 €
Impfkosten		1 €			
Zinssatz		5%	Abschreibung	Jahre	Reparaturen
Gebäude-Kosten inkl. MwSt.	21,50 €	132.225 €	Gebäude	25	1%
Einrichtungs-Kosten inkl. MwSt.	15,50 €	95.325 €	Einrichtungen	12	2%

Kalkulation			je Umtrieb	pro Jahr	je verk. JH
Ertrag			49.843 €	109.654 €	8,19
Junghennenverkauf (ohne MwSt.)	6085 Stk.	8,15 €	49.591 €		
Düngerwert (15 kg verf. N/100 JH-Plätze)	419 kg N	0,60 €	252 €		

Aufwand					
Variable Kosten je Umtrieb			32.654 €	71.838 €	5,37 €
Kükenankauf	6.150 Stk.	0,75 €	4.606 €		
Kükenfutter	156,83 dt	47,08 €	7.383 €		
Junghennenfutter	265,69 dt	39,06 €	10.377 €		
Eigene Körner	18,25 dt	24 €	438 €		
Heizkosten	6.150 Stk.	0,18 €	1.107 €		
Impfkosten	6.150 Stk.	1 €	6.150 €		
Allgemeine variable Kosten	6.150 Stk.	0,35 €	2.153 €		
Untersuchungskosten			200 €		
Zins Tierkapital und Futterkosten		5%	240 €		

Fixkosten je Jahr			pro Jahr	26.823 €	2,00
Gebäudekosten	132.225 €		10.704 €		
Einrichtungskosten	95.325 €		12.662 €		
Rückstellungen Produktionsrisiko	3%		3.273 €		
Opportunitätskosten Grünauslauf	0,62 ha	60%	185 €		

Arbeitskosten	759 Std.		13,50 €	10.247 €	0,77 €
Produktionskosten				108.908 €	8,14 €
Gewinn/Verlust				746 €	0,06 €
Cashflow				16.890 €	1,26 €

Verwaltungs- und Logistikkosten				16.705 €	1,25 €
Logistikkosten	13.387	0,50 €	6.693 €		
Verwaltungskosten/Risiko	13.530	0,74 €	10.012 €		
Gesamtkosten fco. Abnehmer				126.360 €	9,44 €
Gesamtkosten fco. Abnehmer (inkl. 7% MwSt.)				135.205 €	10,10 €

9.4 Wirtschaftlichkeitsfaktoren der ökologischen Mastgeflügelproduktion

Für die Mastgeflügelproduktion ist es um einiges schwieriger, für alle Gattungen und die ganze Bandbreite der verschiedenen Mastverfahren eine Normkalkulation herzuleiten. Die vorgestellte Tabellenkalkulation ist mit entsprechenden Anpassungen für die verschiedensten Mastgeflügelarten brauchbar. Wie in allen anderen Kalkulationen habe ich die landwirtschaftliche Produktion bis zum Verladen der lebenden Masttiere als Kalkulationsschnittstelle gewählt. Die Schlacht- und Vermarktungskosten müssen die jeweiligen Betriebe selbst berechnen. Durch die unterschiedlich umgesetzten Richtlinien innerhalb und zwischen den Verbänden wird es im Mastbereich unmöglich, faire Produktionspreise für die Bio-Bauern zu erreichen. In der Praxis findet man von den extensiven Rassen bis zu den konventionellen Intensiv-Mastlinien alle Möglichkeiten. Die heute bezahlten Preise weichen sehr weit von meiner Richtpreiskalkulation ab. Innerhalb der variablen Kosten sind die verschiedenen Positionen als Anteil je Umtrieb berechnet. Die Direktkosten oder variablen Kosten machen bei den Hähnchen über 60 % und bei den Puten knapp die Hälfte aus. Bei der vorgestellten Masthähnchenproduktion beanspruchen die Fixkosten knapp 20 % und die Entlohnung rund 17 % der Produktionskosten. Bei der Putenmast müssen knapp 40 % für die festen Kosten und gut 13 % für die Arbeitserledigung aufgewendet werden. Gespart werden kann nur bei den „schon bezahlten" Gebäude- und Einrichtungskosten und vor allem bei der Arbeitsentschädigung.

9.5 Erläuterungen zu den Modellrechnungen für Puten und Hähnchen

Als Grundlage für die nachstehenden Puten- und Hähnchen-Vollkostenrechnungen dient ein Produktionskonzept mit einem Vormaststall und der entsprechenden Anzahl verstellbaren Ausmastställen. Der beheizbare und gut isolierte Vormaststall kann durch ein geschicktes Umtriebskonzept optimal genutzt werden. Mastküken bleiben 28 Tage und Puten 6 bis 8 Wochen im Vormaststall. In der Anfangsphase werden die sehr wichtigen Kontrollgänge öfters gemacht, wenn die Küken in Hausnähe untergebracht sind und damit können auch die teilweise sehr hohen Verluste vermindert werden. Das Ausmästen in mobilen Ställen bringt einige wichtige Vorteile, wenn sie nach jedem Umtrieb verstellt werden:

- Die Ausläufe können in die Fruchtfolge integriert werden.
- Verminderung der Bodenbelastung durch Kotausscheidungen.
- Verminderung von Parasitenkontamination (Würmer, Kokkzidien, Coliforme Keime usw.).
- Schonung der Grasnarbe.

BIOLAND-Masthähnchen 2.200 im Vormaststall, 4 mobile Ställe à 1080 Tiere, 32,3 g TZW 28 Tage Vormast, 40 bis 45 Tage Endmast Mittelintensiv, ohne Winterpause	Anzahl		Preise	
Bio-Mastküken	2.200 Stk.		0,75 €	
Verkaufte Tiere je Umtrieb	2.132 Stk.		2,90 €	
Anfangs-Bestand	2.244 Stk.			
Verluste, inkl. Raubwild	5 %			

Mastdauer in Tagen	70 Tage			
Leerzeit	5 Tage			
Umtriebe je Jahr	7			
Arbeit je Umtrieb	175 Std.		13,50 €	
Lebendgewicht	2,300 kg			
Verkaufte Produktion je Jahr / kg LG / Tiere	34.322 kg	14.923 Stk.		
Futterverwertung kg Futter je kg Zuwachs	2,80 kg			
Geflügel-Mastfutter je Tier	5,474 kg	43,00	46,01 €	
Bio-Weizen eigen je Tier	0,966 kg	24,00	24 €	
Allgemeine variable Kosten je Tier			0,50 €	
Opportunitätskosten des Auslaufes	1,76 ha		500 €	
Wert Vormaststall mit Einrichtungen	1 Stall	15.000	15.000 €	
Wert mobiler Ausmaststall mit Einrichtungen	4 Ställe	24.300	97.200 €	

Kalkulation Ertrag			je Umtrieb 14.044 €	pro Jahr 98.305 €	100 %
Masthähnchen A-Qualität	4.168 kg	2,90 €	12.086 €		
Masthähnchen B-Qualität	735 kg	2,61 €	1.920 €		
Düngerwert (20 kg verf. N je 100 Mastplätze)	62,9 kg N	0,60 €	38 €		

Aufwand Variable Kosten je Umtrieb			8.916 €	62.415 €	63,5 %
Ankauf von Bio-Küken	2.200 Stk.	0,80 €	1.766 €		
Geflügelmastfutter	120,43 dt	46,01 €	5.541 €		
Bio-Weizen eigen	21,25 dt	24,00 €	510 €		
Allgemeine variable Kosten (Gas, Strom, Wasser …)	2.200 Stk.	0,50 €	1.100 €		

Fixkosten je Jahr				18.241 €	18,6 %
Kosten mobile Ställe 5 % / 12 J / 2 % Rep.	97.200 €			12.911 €	
Kosten Vormaststall 5 % / 12 J / 2 % Rep.	15.000 €			1.992 €	
Rückstellungen Produktionsrisiko	2,5 %			2.458 €	
Opportunitätskosten des Auslaufes	1,76	500		880 €	

Arbeitskosten	1.225 Std.		13,50 €	16.538 €	16,8 %
Produktionskosten				97.193 €	
Gewinn / Verlust				1.112 €	1,1 %
Cashflow				12.332 €	

157

- Puten, als ursprüngliche Weidetiere verwerten respektable Mengen Grünfutter. Die Luzerneweiden in der Fruchtfolge eigenen sich vorzüglich. Wegen fehlenden Bewertungsgrundlagen wurde in der Kostenrechnung diese Wertschöpfung nicht berücksichtigt.

9.5.1 Bioland-Masthähnchenproduktion

Das Umtriebskonzept mit mobilen Ställen wird in der Schweiz seit Jahren angewendet. Durch die 12-wöchige Weidepause wegen Parasitenkontamination und der kurzen Wegdistanzen, welche die Masthähnchen gehen, sind feste Ställe die große Ausnahme. Gemäß BIO SUISSE-Richtlinien müssen die Küken ab dem 22. Alterstag ins Freie können. In den kälteren Jahreszeiten kann das in ungeheizten Ställen problematisch sein. Deshalb haben einige Produzenten den Vormaststall mit einem kleinen Grünauslauf ergänzt und stallen erst am 28. Alterstag in die Weideställe um, wo die Masthähnchen, je nach Schlachtgewicht während 35 bis 45 Tagen ausgemästet werden. Im Modellbetrieb werden 7 x 2.244 (inklusive 2 % Zusatzlieferung) Mastküken eingestallt und nach 28 Tagen in zwei 120 m^2 große mobile Tunnelställe mit automatischer Pfannenfütterung und 3,5 to Außensilo umgestallt. Somit kann in diesem Beispiel der teure Vormaststall doppelt genutzt werden.

9.5.2 Bioland-Putenproduktion

Die Puten können als ursprüngliche Weidetiere problemlos in der Ausmastzeit ein Drittel der Trockensubstanz von einer guten Luzerne- oder Kleegrasweide aufnehmen, wobei das Kraftfutter entsprechend angepasst werden muss. Hier werden 2,5 x 602 männliche und weibliche Putenküken (inklusive 2 %) in den vorgeheizten Aufzuchtstall eingestallt. Nach 42 Tagen werden sie in den 220 m^2 großen Weidestall umgestallt. Da die Hennen mit 20 Wochen und die Hähne erst mit 25 Wochen geschlachtet werden, ist der Ausmaststall etwa 20 Wochen belegt. Für eine optimale Umtriebsorganisation braucht es deshalb 3 Folientunnel mit automatischer Tränke und Fütterung. Der Aufzuchtstall kann hier 7,5 x genutzt werden.

BIOLAND-Mastputen
575 im Vormaststall, 3 mobile Ställe à 550 Tiere, 63,0 g TZW
42 Tage Vormast, 95 bis 135 Tage Endmast

	Anzahl		Preise	
Bio-Putenküken Hähne/Hennen	590 Stk.		1,95 €	
Verkaufte Tiere je Umtrieb	550 Stk.		3,65 €	
Anfangs-Bestand	602 Stk.			
Verluste	8,6 %			
Mastdauer in Tagen	**155**			
Leerzeit	11			
Umtriebe je Jahr	2,50			
Arbeit je Umtrieb	195 Std.		13,50 €	
Lebendgewicht	9,800 kg			
Verkaufte Produktion je Jahr/kg LG/Tiere	13.476 kg	1.375 Stk.		
Futterverwertung	3,15 kg			
Gesamtfutter je Tier	26,2 kg		4.481,43 €	
Putenstarter 1. bis 4. AW	1,7 kg	67,70 €	72,44 €	
Putenmastfutter A 5. bis 11. AW	8,0 kg	42,20 €	45,15 €	
Putenmastfutter B 12. bis 20. AW	12,1 kg	39,70 €	42,48 €	
Putenmastfutter C ab 21. AW	4,5 kg	37,70 €	40,34 €	
Allgemeine variable Kosten je Tier			1,70 €	
Opportunitätskosten des Auslaufes	1,77 ha		500 €	
Wert Vormaststall mit Einrichtungen	1 Stall	15.000	15.000 €	
Wert mobiler Ausmaststall mit Einrichtungen	3 Ställe	35.500	106.500 €	

Kalkulation			je Umtrieb	pro Jahr	
Ertrag			**19.545 €**	**48.739 €**	**100 %**
Mastputen A-Qualität	4.582 kg	3,65 €	16.724 €		
Mastputen B-Qualität	809 kg	3,29 €	2.656 €		
Düngerwert (70 kg verf. N/100 Tierplätze)	192,5 kg N	0,60 €	116 €		
Aufwand					
Variable Kosten je Umtrieb			**9.172 €**	**22.930 €**	**47 %**
Ankauf von Bio-Küken	590 Stk.	2,09 €	1.231 €		
Putenstarter 1. bis 4. AW	9,75 dt	72,44 €	707 €		
Putenmastfutter A 5. bis 11. AW	47,22 dt	45,15 €	2.132 €		
Putenmastfutter B 12. bis 20. AW	71,21 dt	42,48 €	3.025 €		
Putenmastfutter C ab 21. AW	26,63 dt	40,34 €	1.074 €		
Allgemeine variable Kosten (Gas, Strom, Wasser ...)	590 Stk.	1,70 €	1.003 €		
Fixkosten je Jahr				**18.242 €**	**37,4 %**
Kosten mobile Ställe 5 %/12 J/2 % Rep.	106.500 €		14.146 €		
Kosten Vormaststall 5 %/12 J/2 % Rep.	15.000 €		1.992 €		
Rückstellungen Produktionsrisiko	2,5 %		1.218 €		
Opportunitätskosten des Auslaufes	1,77 ha	500 €	885 €		
Arbeitskosten	**488 Std.**		**13,50 €**	**6.581 €**	**13,5 %**
Produktionskosten				**47.753 €**	
Gewinn/ – Verlust				**986 €**	**2 %**
Cashflow				**13.136 €**	

Literatur

Baumann, W. (2004): Artgerechte Hühnerhaltung. Stallbau, Mainz/Bad Dürkheim

Bestman, M. (2002): Kippen houden zonder verenpikken. De biologische legpluimveehouderij als uitgangspunt, Driebergen

Beer, S. (2003): Untersuchungen zur Broilermast im Ökologischen Landbau. Einfluss von Genotyp und Fütterungsintensität auf die Mastleistung, Diplomarbeit, FH Weihenstephan, Fachbereich Land- und Ernährungswirtschaft

Beloff, G., Schmidt, E., Ristic, M. (2005): Einfluss abgestufter Aminosäuren-Energie-Verhältnisse im Futter auf die Mastleistung und den Schlachtwert einer langsam wachsenden Herkunft in der ökologischen Broilermast. In Vorbereitung

Bons, A. (1999): Untersuchungen zur Aminosäurenversorgung von Pekingmastenten, Dissertation, Universität Halle-Wittenberg

Damme, K. (1998): Welche Herkünfte eignen sich besser für die Fütterung nach ökologischem Konzept?, in: DGS Magazin 6/98, S. 31 – 35

DVG (Deutsche Veterinärmedizinische Gesellschaft) (2003): 12. Desinfektionsmittelliste für den Bereich Tierhaltung. Beilage zum Deutschen Tierärzteblatt Mai 2003 (anzufordern unter http://www.dvg.net/desinfektionframe.htm)

Gesellschaft für Ernährungsphysiologie (GfE), Ausschuss für Bedarfsnormen (1999): Empfehlungen zur Energie- und Nährstoffversorgung der Legehennen und Masthühner (Broiler), Frankfurt/M.

Gesellschaft für Ernährungsphysiologie (GfE), Ausschuss für Bedarfsnormen (2004): Empfehlungen zur Energie- und Nährstoffversorgung der Mastputen, Frankfurt/M.

Hafez, H.M. und Böhm, R. (2002): Reinigung und Desinfektion in der Geflügelwirtschaft, in: Strauch, D. und Böhm, R. (Hrsg.): Reinigung und Desinfektion in der Nutztierhaltung und Veredelungswirtschaft, Stuttgart, S. 123 – 152

INRA (1984): zitiert nach Labier, M. und Leclercq, B.: Nutrition and feeding of poultry, Notthingham

Jeroch, H. (1989): Fütterungsempfehlungen für Gänse, in: Tagungsbericht „Aktuelle Themen der Tierernährung und Veredlungswirtschaft", Cuxhaven

Jeroch, H. (2004): Jahrbuch für die Geflügelwirtschaft, Stuttgart

Leclercq, B. (1984): Energy requirements of avian species. Proceedings of Poultry Science. Symp. Nutrient Requirements of Poultry and Nutritional Research, Edinburgh, zitiert nach Vogt, H. (1987), in: Scholtyssek, S. (1987): Fütterung des Geflügels – Geflügel, Stuttgart

NRC (1994): National Research Council, Nutrient Requirements of Poultry, Washington D.C.

Preisinger, R. (2004): Struktur und Entwicklungsperspektiven in der Legehennenaufzucht, in: Jahrbuch für die Geflügelwirtschaft

Rauch, H.-W. (2004): Managementempfehlung zur Legehennenaufzucht und –haltung, in: Jahrbuch für die Geflügelwirtschaft, Stuttgart

Schneider, K.-H., Golze, M. und Klemm, R. (2002): Grünlandnutzung in der Gänsemast, in: DGS-Magazin 5/2002, S. 20 – 25

Timmler, R. (2003): Ökologische Enten- und Gänseernährung, Vortrag, Bioland-Seminar, Plankstetten

Vestergaard, Kruijt & Hogan (1993): Feather pecking and chronic fear in groups of red junglefowl: their relations to dustbathing, rearing environment and social status, in: Animal Behaviour 45, S. 1127 – 1140

Woernle, H. und Jodas, S. (2001): Geflügelkrankheiten, Stuttgart

World's Poultry Science Association (WPSA) (1984): The prediction of apparent metabolizable energy values for poultry in compound feeds. World's Poultry Science Journal. 40, S. 181 – 182, zitiert nach GfE (1999)

World's Poultry Science Association (WPSA) (1989): European Table of Energy Values for Poultry Feedstuffs. Subcommittee Energy of Branches of the World's Poultry Science Association, zitiert nach GfE (1999)

Zollitsch, W., Wagner E. und Wlcek, S. (2002): Ökologische Schweine- und Geflügelfütterung, Leopoldsdorf

Autoren

Willy **Baumann**, nach einer Ausbildung zum praktischen Landwirt in der Schweiz, Studium von Marketing und Betriebswirtschaft an der Ingenieurschule für Landwirtschaft/Zollikon. Spezialisierung auf artgemäße Haltung und Fütterung. Seit 9 Jahren Geschäftsführer der Öko-Marketing GmbH in Ottenbach. Dort u. .a. tätig in den Bereichen Gesamtbetriebliche Beratung, Stallbau, ökologische Tierernährung, Entwicklungskonzepte zum Schutz vor negativen Umwelteinflüssen und alternative Tierheilkunde.

Prof. Dr. Gerhard Bellof, Studium der Landwirtschaft an der GH Kassel/Witzenhausen und der Justus-Liebig-Universität in Gießen. Promotion an der GH Kassel/Witzenhausen. Seit 1992 Professor für Tierernährung an der FH Weihenstephan, Forschungsschwerpunkte: Einsatz heimischer Eiweißfuttermittel in der Nutztierfütterung, Ernährung kleiner Wiederkäuer, ökologische Tierernährung (insbesondere Mastgeflügel).

Monique Bestman, Studium der Biologie mit dem Schwerpunkt Tierverhalten und Tierökologie. Seit 1999 am Louis Bolk Institut (Niederlande) tätig. Dort arbeitet sie an Lösungen bezüglich Verhaltensproblemen und Tiergesundheit bei der Ökologischen Geflügelerzeugung. Das Louis Bolk Institut ist ein kleines, privates Forschungsinstitut im Bereich Praxisforschung für den Ökologischen Landbau.

Dr. Friedhelm Deerberg, Studium der Agrarwissenschaften an den Universitäten Kassel, Kiel und Göttingen mit den Schwerpunkten Pflanzenproduktion, Ökonomie und Tierhaltung. 5-jährige Tätigkeit als wissenschaftlicher Mitarbeiter in Forschung und Lehre am Fachgebiet Ökologischer Landbau/Universität Kassel. Anschließend Promotion im Bereich ökologische Legehennenhaltung, insbesondere unter Berücksichtigung einer betriebseigenen Fütterung für ökologisch wirtschaftende Betriebe. Seit 15 Jahren bundesweit Beratung im ökologischen Landbau.

Aaron Fürmetz, 2 Jahre praktische Tätigkeit auf landwirtschaftlichen Betrieben. Anschließend Studium der Ökologischen Landwirtschaft an der Universität Kassel/Witzenhausen mit Abschluss (Dipl. Ing.) zum Thema Nährstoffbelastung von Legehennenausläufen. Seit 2003 wissenschaftlicher Mitarbeiter am Fachgebiet Ökologische Land- und Pflanzenbausysteme der Universität Kassel/Witzenhausen zum Thema Mobilställe in der Legehennenhaltung.

Rudolf Joost-Meyer zu Bakum, nach einer landwirtschaftlichen Lehre und Agrarstudium in Hohenheim, Schwerpunkt Tierernährung, als Agrajournalist und studentischer Berater des Wissenschaftsrates tätig. Seit 1989 BIOLAND-Landwirt, Schwerpunkt Saatgutvermehrung, und seit 1990 Bio-Mischfutterhersteller, Schwerpunkt Geflügel. Darüber hinaus seit Mitte der 90er Jahre auch BIOLAND-Legehennenhalter.

Christiane Keppler, Studium der Biologie, seit 1995 an der Universität Kassel, Fachgebiet Nutztierethologie und Tierhaltung, und Versuchsdurchführung am Tierzuchtzentrum Neu-Ulrichstein. Arbeitsgebiete: Tiergerechte Junghennenaufzucht, Eignung verschiedener Herkünfte für alternative Haltungssysteme, Untersuchungen zu Federpicken und Kannibalismus.

Ute Knierim ist Leiterin des Fachgebietes Nutztierethologie und Tierhaltung im Fachbereich Ökologische Agrarwissenschaften der Universität Kassel. Als gelernte Landwirtin und Tierärztin und hat sie sich über die letzten 15 Jahre auf die Bereiche der Verhaltensforschung, Tierschutz und Tierhaltung, insbesondere bei Geflügel und Rindern, spezialisiert. Forschungsschwerpunkte liegen bei der Beurteilung und Verbesserung der Tiergerechtheit der Haltungsbedingungen von Nutztieren.

Boris Liebl, nach einer Ausbildung zum Koch Studium der Lebensmitteltechnologie an der FH Fulda. Als Fachreferent bei der Kontrollstelle alicon betreute und kontrollierte er Verarbeitungs-, Import- und Mischfuttermittelbetriebe. Seit 2001 Mitarbeiter des FiBL Deutschland in der Fachgruppe Qualitätssicherung. Dort arbeitet er an der Erstellung von risikoorientierten Systemen zur Qualitätssicherung von ökologischen Futtermitteln und Lebensmitteln.

Claudia Schievelbein, Studium Agrarwirtschaft, Schwerpunkt Ökologischer Landbau, an der FH Kassel/Witzenhausen. Danach mehrere Jahre Redakteurin bei der „Unabhängigen Bauernstimme" und redaktionelle Tätigkeit innerhalb der Verbraucher- und Landwirtschaftsarbeit bei Greenpeace. Momentan in Elternzeit, nebenbei als freie Journalistin tätig.

Dr. Ulrich Schumacher, nach Ausbildung und Studium an der Justus-Liebig-Universität Gießen zunächst Betriebsleiter auf einem Milchviehbetrieb. Danach 4 Jahre als Berater für den Öko-Landbau in Nordrhein-Westfalen und Brandenburg. Seit 1995 zusammen mit einem Partner Bewirtschaftung eines BIOLAND-Milchviehbetriebes. Darüber hinaus Referent für Tierhaltung beim BIOLAND-Bundesverband.

163

Marion Staack, nach einer Ausbildung und Studium der Agrarwirtschaft an der Universität Kassel, als wissenschaftliche Mitarbeiterin an der Universität Edinburgh tätig. Anschließend Master-Studiengang Applied Animal Behaviour and Animal Welfare und wissenschaftliche Mitarbeiterin an der Univeristät Kassel in diversen Legenhennenhaltungs- und -Fütterungs-Projekten.

Dr. Rainer Timmler, Studium der Agrarwirtschaft an der Martin-Luther-Universität Halle, Promotion zum Thema „Effekt faserreicher Futtermittel in der Gänseernährung". Von 1995 bis 2003 Wissenschaftlicher Assistent. Juli 2001 Gründung der Firma Feedtest.

Stefan Wesselmann, praktischer Tierarzt, Zusatzbezeichnung Homöopathie, Spezialisierung auf dem Gebiet der Bestandshomöopathie (Schwein, Geflügel, Rind). Praxisschwerpunkt u. a. Betreuung ökologisch wirtschaftender Betriebe. Zweiter Vorsitzender der Gesellschaft für Ganzheitliche Tiermedizin (GGTM) und Bundesvorstand der International Association for Veterinary Homoeopathy (IAVH).

Notizen

Notizen

Notizen

PRAXIS DES ÖKOLANDBAUS

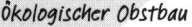